AF604059

Patricio Costa Paladines

Tirando a la bartola

Tirando a la Bartola

Autor:

Patricio Costa Paladines

Diseño e ilustración de portada:

Daniel Costa Peñarreta

Diagramación:

Stephanie Mora Serrano

Impresión:

EDILOJA Cía. Ltda.

Telefax: 073701444 ext. 3062

San Cayetano Alto s/n

www.ediloja.com

edilojainfo@ediloja.com.ec

Loja-Ecuador

ISBN físico: 978-9942-629-19-7

Derechos de autor: SENADI-2023-35825

Abril, 2024

Dedicatoria

A todos los que están en mi vida,
gracias por ser como son.

Contenido

I. Cosa de pecadores

Cuentan las memorias periodísticas de hace un siglo que, en una pequeña ciudad al sur del Ecuador, en tres noches seguidas de una misma semana, Satanás soltó a sus hijos en claro desafío al Rey y Creador de todo lo que existe. Una crónica dice: «Los descendientes del dueño del infierno no solo se dejaron advertir en la cantina; cuando abandonaron el lugar, alaridos insonoros para el oído humano surgieron de sus rostros. Han venido para llevarse en vida a esos condenados, a los que les toca sufrir después de la muerte, a los merecedores del castigo eterno».

En aquel tiempo no eran escasas las personas convencidas de que, desde el infierno, al unísono y de las gargantas de los condenados y torturados brota un sinfín de gritos: Una exclamación de horror y derrota por mitades; mientras, los demonios con horribles aullidos y alaridos festejan los dolores de los quemados en el fuego eterno, que esos chillidos sin armonía emanan de las demoniacas entrañas meramente porque gozan de la condenación y de torturar a los pecadores de la Tierra. Los cronistas señalaron que a los testigos de aquellos aparecimientos el terror les dejó atónitos, y que, a partir del primer surgimiento, la aprensión y la sospecha se expandieron por la urbe. Además, el fenómeno no vino solo, o simplemente coincidió con el suicidio de miles de vichauches que amanecieron tirados en los balcones de todas las casas y edificios públicos del centro urbano; pobres animalitos, a segundos de pasar las doce campanadas de la medianoche empezaron a estamparse espontánea y alocadamente contra los cristales de las ventanas. ¿Qué acción u obra del demonio provocó que esas criaturas de Dios se inmolen en masa? Esa fue la recurrente pregunta.

Al siguiente día de la tercera vez que tan anómalos sucesos se refrendaron sin explicación y que, en axiomática consecuencia dieron paso al temor más no al terror, las parlanchines vivanderas del mercado central —ya bien inteligenciadas del asunto— no tuvieron mejor tema de conversación, obviamente con el afán de dar con el origen y las consecuencias de tan ardientes fenómenos. Resolvieron examinarlos hondamente en diálogo abierto entre ellas, y luego comentar sus conclusiones y ardorosas aprensiones con las señoras de la incipiente clase media que escasamente solían mañanear; lo trascendente sería discutirlo a profundidad y apertura con las mujeres del servicio doméstico encargadas de la compra diaria. Nadie pensará que esas palabras fueron expresadas a manera de murmullos —pues no, señor lector, lo hicieron a viva voz—.

En esa pequeña ciudad, cuales pintores de una forma de vida, sus habitantes no querían cambiar de modelo, elegían quedarse en el conformismo y sin molestarse en nuevos conceptos de existencia social. A casi veinticinco años de cumplir cuatro siglos de ser fundada por los españoles, seguía siendo una comunidad política que prácticamente se administraba por sí sola, incluyendo un territorio circundante muy rural y disperso. A lo mejor ese era el principal efecto de una mínima conectividad, producto de encontrarse en un enclave geográfico fronterizo con el Perú. Comúnmente, la charla de los ciudadanos solía carecer de argumentos complejos, preferían el humor y la sátira, que muchas veces resultaba más verosímil que la misma realidad o la verdad. Había expertos en transformar los eventos, fuesen sanos o insanos, en algo parecido a una jocosa crítica de su sociedad; chistes y bromas que solían conceder gran protagonismo a ciertos personajes que terminaron por hacerse populares. La urbe como tal era un entorno explícitamente tranquilo, un conjunto ordenado de grandes casonas colindantes, argamasadas entre iglesias concebidas con pinceles del gótico y el barroco; así fueron creando una pintura eterna que siempre daría a pensar que sus pobladores jamás saldrían de la esencia aldeana. Las noticias llegaban tarde o nunca y se convertían en patrimonio de unos cuantos intelectuales, quienes eran los únicos que podían construirse una visión real del mundo; los otros se quedaban con el privilegio de montar visiones ingenuas de lo que probablemente sería.

En suma, la historia sempiterna de la pequeña ciudad que se daba por escrita y venía de ser construida muy lentamente, fue interrumpida en el momento mismo del aparecimiento de los hijos de Satanás. De cierto, sin llegar a leyenda, mientras tanto lo vivido más se parecía a una suerte de estampas breves entremezcladas con todo tipo de propósitos pintorescos que, en forma amplia y en ausencia de rubor, la sociedad iba declarando como suyo, una identidad y un orgullo perpetuos. También tierra de hombres ilustres, de poetas, escritores, autores y compositores de música de la época, de donde sobresalieron virtuosos creadores de villancicos navideños.

En ese entorno sencillo repleto de tradicionalismo y costumbrismo, por lo general correspondía a las sirvientes levantarse al clarear el alba y, sin antes tomar un escuálido desayuno, ir hasta el centro de abastos por provisiones de carne, pescado seco, huevos, legumbres, hortalizas y frutas; en realidad, todo lo necesario para las reverentes y cabales tres comidas y al menos dos entre días que componían la dieta propia de un día regular de la clase adinerada. Esto sin visitas, porque cuando eran esperadas la recepción debía ser ostentosa.

Aún no habían llegado las refrigeradoras a electricidad, ni ningún otro electrodoméstico en realidad. Eran muy apreciadas las estufas de carbón marca Husqvarna inventadas en Suecia a finales del siglo diecisiete, que a la ciudad les dio por llegar casi doscientos años más tarde. Nunca nadie olvidó su gran peso y que costaban un ojo de la cara. Las familias del centro urbano se deleitaban cuando mostraban a las visitas una profusa utilería en cada salón de la casa, una clara manifestación del espíritu concupiscente del dueño. Los propietarios de su propio tiempo gustaban de la siesta después del almuerzo; las mujeres la disfrutaban con solo desabrocharse el corpiño, mientras que los hombres lo hacían con pijama.

También cuentan las crónicas escritas que, en los tiempos del evento demoniaco sucedido en la pequeña ciudad, un pecado social seguía vigente en el país, pues se podía palpar sin traba alguna que las empleadas del servicio doméstico, a causa de su origen en la migración del campo a la urbe, o sencillamente por ser las hijas de los arrimados de las haciendas de sus patrones, se percibían entre ellas y por muchos ya condenadas de por vida a lidiar con tan pesadas tareas, sin paga, al margen de la educación, ni hablar de prestaciones sociales, situación a la que el presidente Eloy Alfaro quiso poner fin en sus dos gobiernos; tampoco ocurrió con los liberales burgueses que le sucedieron tras el magnicidio de enero de 1912. Un hueso durísimo que siguió royéndose por un siglo.

Los primeros militantes del liberalismo radical acertaron con el mal que dio inicio al problema y declararon su combate. Le llamaron el principio del fin del sistema de la hacienda, un modelo marcado por la explotación laboral de los campesinos bajo el mecanismo de entregar —a los arrimados— para su imposible subsistencia una parcela de tierra sin acceso a riego; no consiguieron debilitarlo, menos todavía los políticos salidos del seno burgués que se tomaron el Partido Liberal, pero el ideal de los pobres empezó a hacerse realidad media centuria después con la Reforma Agraria.

Sin embargo, para ponerle una pizca de azúcar a sus esclavizadas vidas, esas mujeres jóvenes, las maduras y las poquísimas que alcanzaban la senectud jamás dudaban en quedarse para la dulce conversa con las vivanderas del mercado sobre cualquier tema del momento, pero pendientes de que las agujas del gran reloj *vintage* —uno que colgaba en pleno centro del vetusto y mal oliente edificio municipal— no pasaran de las siete, pues sus patrones solían desayunar a las nueve en punto de la mañana.

Un año antes de concluir el siglo diecinueve se instaló la primera planta hidroeléctrica de toda América Latina. Generaba quinientos caballos de potencia, fuerza que apenas alcanzaba para cubrir una fracción del área urbana —las crónicas dicen que un poco más de la mitad—. Entonces, solo las familias poseedoras de buena condición económica empezaron a gozar del privilegio de ir arrinconando los candelabros y las lámparas Petromax a gasolina. A la par, de las calles de los barrios del centro urbano fueron desapareciendo los candiles de aceite o petróleo, para ser remplazados por fieros postes de madera de eucalipto y toscas luminarias de vapor de sodio o de mercurio. Ante el clamor ciudadano, las tradicionales y pronto valladas plazas, conjuntamente con las cuatro iglesias, se constituyeron en las primeras estructuras públicas que recibieron iluminación integral y centenares de focos monocolores se emplearon para satisfacción de la mayoría de los vecinos. En las glorietas levantadas en los parques, que gracias a la luz eléctrica cobraron tan moderno denominativo, colocaron hermosos faroles confeccionados por finos forjadores y repujadores del hierro, atiborraron las áreas verdes con plantas de rosa Nina de surtidos colores, entremezcladas con crotones, cardos, durantas y lantanas plantadas bajo la sombra de briosos árboles de sauce y molle. Pronto estimaron una necesidad social, vallar, iluminar y reinaugurar dichos lugares públicos con el afán de facilitar que los jóvenes en edad del casorio fuesen vistos haciendo planes, siempre que las noches no vinieran acompañadas de lluvia o de la temida Luna negra. Dicho esto, el lector de este relato podrá concebir con facilidad que las callejuelas donde funcionaron las cantinas eran peladas, ni hablar de aceras, líquido vital potable o entubado, los pozos sépticos seguían ausentes y menos todavía se podía mencionar la existencia de redes de tendido eléctrico. Pasarían décadas hasta que las autoridades se fijaran en esos olvidados territorios que algunos descomedidos los llamaron: «Esperpentos de barrios». Quizás ese concepto estético fue bien aplicado, asemejándose a una escena de la recién estrenada comedia teatral española *Luces de Bohemia* de 1920 —de la que se tenía vaga noticia llegada del otro lado del Atlántico—. Bastante cierto, porque en los suburbios casi todo cuanto conseguía verse era precario, ya que casuchas, fondas y estancias para beber alcohol prevalecían.

Hablando de los que habitaban las aludidas zonas, sin rubor por parte de la clase adinerada, solían identificarles con agrios motes, a saber: Los hazmerreíres, birrias, mamarrachos, gente mala facha, fantoches, adefesios y espantajos; en fin, a todos ellos en forma anticuada y despectiva se adestraron para agruparles y señalarles con el dedo como: «Los chuchumecos». A veces, usaban los sinónimos enclenque, enteco, escuálido, escuchimizado, esmirriado y raquítico; malhadada cuestión que se hizo censurable costumbre. Al igual que ocurre con las monedas, el término tiene una segunda cara opuesta e indivisible; por tanto, podría ser entendido tal cual un reconocimiento al hecho de que los chuchumecos eran dueños de una contextura débil y enfermiza, precisamente por la escuálida alimentación, una dieta bajísima en proteína, y por ser víctimas frecuentes de enfermedades gastrointestinales derivadas de la ingesta de agua recogida del río o de cualquier vertiente.

—¿A quién le tocó el turno?

—Dicen que vieron a tres diablillos llevándose a Miguicho Cando, nadie sabe a dónde.

—Ese borrachito no hacía mal a nadie.

—Pidamos a la Virgen santísima apiadarse de nosotros.

Al siguiente día —que se repitió frío y lluvioso— los rumores se convirtieron en la insuperable noticia escrita. Los cronistas de los diarios impresos *El Mensajero* y *El Heraldo* dieron extensa cuenta del extático tercer plagio. Es por lo dicho que a ningún lector de este relato podrá caberle duda de que dichos asuntos efectivamente arrancaron en la ciudad de Loja por allá del mes de agosto del año del Señor de 1925 mientras gobernaba la Primera Junta Cívico-Militar iniciada con la Revolución Juliana.

Los propietarios y a la vez directivos de los mencionados periódicos —cuartillas estampadas con gran trabajo y uso de las primeras prensas tipográficas manuales de la marca Gutenberg que llegaron al país— desde que se constituyeron en fundadores se mostraron feroces opositores del liberalismo. En su línea editorial invariable por casi quince años dijeron luchar contra las peligrosas intenciones y excesos electorales del Partido Liberal, y pasada cada elección ganada por sus rivales ideológicos hablaron de fraudes.

Comandando a los montubios de la Costa, el general Eloy Alfaro triunfó en 1895 y gobernó por dos ocasiones, combatió a la oligarquía y a la banca, declaró el Estado laico especialmente en el rubro de la educación, separó del poder a la Iglesia, auspició el libre culto; en suma, su forma de gobernar constituyó una declaración de guerra para el conservadurismo diseñado por García Moreno. Fue obligado a renunciar en agosto de 1911 e inmediatamente se exilió en Panamá. En términos de clases sociales se reconoce a la burguesía como la propulsora de esa renuncia y de su inminente asesinato. A los liberales disidentes —burgueses liderados por el vicepresidente Carlos Freile y un traidor ingrato que llegó a primer mandatario con el auspicio de Alfaro de nombre Leónidas Plaza— nada les impidió confabularse con los conservadores, también con una gran fracción del Ejército, con la Iglesia católica y la prensa. En el trimestre ulteriormente transitado, la convulsión social se extendió por buena parte del territorio nacional, pero se acentuó en Guayaquil; el expresidente retornó para pacificar el país. Freile había asumido la Presidencia y dispuso a Plaza que a pesar de la capitulación suscrita enviara los presos a Quito, porque «era necesario exterminar de una vez para siempre los elementos sediciosos». Una vez tomado preso junto a otros radicales fueron llevados a la capital en el tren que él construyó, minutos después una turba los asesinó en el penal; luego de ser arrastrados por las calles los quemaron en la hoguera bárbara el veintidós de enero de 1912. Seis meses más tarde Plaza regresó a la Función Ejecutiva.

Los rivales del radicalismo propuesto por Alfaro gobernaron hasta julio de 1925, precisamente cuando el presidente Córdova fue derrocado por una revuelta cívico-militar que gobernó durante seis años, a la que llamaron Revolución Juliana. Esta parió dos Juntas de Gobierno Provisionales, una seguida de la otra. No hay que omitir que, antes de estos gobiernos de transición, fueron trece y después doce los mandatos del liberalismo registrados en la historia, ya sea de los radicales o de los burgueses. Desde entonces nadie dejó de hablar de la época liberal y alfarista.

Mientras los cronistas de *El Mensajero* y *El Heraldo* relataban los aparecimientos diabólicos, a la par ellos mismos celebraban que, aunque lentamente, el pensamiento radical de Alfaro iba quedando atrás. «Que esa gente nunca volviera a ejercer el poder» —era su mayor deseo expresado en los editoriales.

En aquellos tiempos, en Loja mucho faltó lo que suele llamarse «estabilidad política». Ocurrió de esa manera por varias razones, aunque muchos siguieron creyendo que solo fue un efecto carambola del gran problema político nacional; quien se anime a seguir leyendo este relato verá más adelante que esa no necesariamente fue la razón prima. Como adelanto, les contaré algo sustancial y verificable en los libros de historia: ¡En dos décadas se sucedieron treinta y ocho alcaldes! En la mitad de ese periodo dos grandes crisis sobresalieron, la primera entre 1922 y 1923, porque fueron once en turno; el segundo zafarrancho se desató de 1925 a 1930, con trece burgomaestres. Así entonces, los pésimos servicios públicos, el caos, la escasez de empleo y la mendicidad se pusieron a la orden del día, no solamente en la ciudad, sino que el desconcierto se extendió a la provincia.

II. Confusión

Cuando sucedieron los eventos imputados al diablo, la ciudad ya no era regida por el Alcalde escogido bajo Resolución del Concejo ensamblado durante la Asamblea Electoral Provincial de 1923 —que fue la última llegada a término—. Se trataba de un encargado más, engendro crónico de una serie de renuncias, destituciones y reemplazos; no obstante, dicho político gozaba de aceptable respaldo. Iniciada la Primera Junta Cívico-Militar, por orden expresa de los Gobernadores provinciales fueron echados casi todos los alcaldes del país, al timonel lojano apretadamente le aguantaron una semana. Ocurrió con igual tenor en la capital, Quito; Isidro Ayora, designado en diciembre de 1924 para cuatro años, cumplió funciones apenas doce meses.

Como narrador fiel de los acontecimientos y con honradez intelectual, corresponde subrayar que las escasas crónicas periodísticas rescatadas sobre los supuestos plagiados en cumplimiento de la orden de Satanás, siendo además lacónicas, nunca me habrían llevado a la autenticidad de los hechos. Honestamente y de soslayo debo aceptar que por poco me llevaron al mundo del desconcierto certero; y, por qué no decirlo, también a pensar en un puñado de noticias que a lo mejor se ocultaron por conveniencia. Tras cuidadosa revisión de varias ediciones de *El Mensajero* y *El Heraldo*, en las que extrañamente se conjuntan las mencionadas desapariciones con las novedades de la política local, encontré lugar para probables tergiversaciones respecto de la posible verdad de lo sucedido. Luego, lentamente, afloraron cuestiones que quizá fueron, en parte al menos, las causas verosímiles para que tantos alcaldes fuesen removidos de sus tareas.

Algo importantísimo: En los periódicos se publicó pormenorizadamente la versión consensuada de un montón de viejas beatas. Dichas ciudadanas hablaron de un supuesto testimonio visto en los rostros de los diablillos; sostuvieron a convicción que los hijos de Satanás se presentaron embetunados con la maldición del Señor y que en su paso por la cantina dejaron una huella de ceniza ardiente. En respuesta y con peculiar clarividencia, esas abuelas y otras señoras solteronas se autoimpusieron la misión de elevar cientos de plegarias al Creador del Cielo y la Tierra con el anhelo de evitar la repetición de tan horripilantes sucesos. Sin embargo, no es menos significativo recalcar que la gran mayoría de los fervientes católicos en aquel tiempo se adherían sin discusión ni condicionamiento a la creencia radical de que durante la Semana Santa los diablos andan sueltos.

Por delante de las mencionadas señoras y en camino a la misa de la aurora iban algunos señores antes renuentes al culto; en los siguientes domingos se repletaron los templos. Cargando con hijos pequeños y sirvientes dicen que caminaban los de la clase social adinerada, pero quién sabe si también lo hicieron ante el riesgo de que el Santísimo no tuviera noticias actualizadas de sus magnánimas obras benéficas diarias por toda parte de la comarca, como lo sostenían. A lo mejor nunca los abandonaba un terrible miedo, del que cargan los hipócritas, el peligro de morir e ir directo al penúltimo círculo del infierno, que según el poeta Dante queda a un paso de la morada eterna de Lucifer, rey de las tinieblas.

Las autoridades entrevistadas, concretamente las dos cabezas del gobierno provincial en esos momentos de la historia, a saber, el Gobernador y el jefe de la Séptima Brigada de Infantería Militar —que rendía cuentas al comandante de la IV Zona Militar de Azuay, Cañar y Loja, con sede en Cuenca— supieron de la acción rezadora de las abuelas y las solteronas. Acto seguido, con la mayor reverencia a dichas señoras, ante los periodistas optaron por dejar senda constancia del agradecimiento a tan noble causa, a la pureza revestida de elevados cánticos cristianos con dirección directa al mismo cielo, ya que con gracia a la devoción profesada por esas mujeres se aliviarían de culpas todos los pecadores del suburbio, los hazmerreíres, los infelices chuchumecos, especialmente los dedicados al trago. Así entonces, por la oportuna labor de las viejas beatas y de lo más recalcitrante de la sociedad misma, pronto todo quedaría solucionado y sin necesidad de que el tema de los posibles desaparecidos fuese esclarecido en los órdenes policial y judicial.

Los arquitectos y sociólogos repiten aquel concepto que explica lo irrefutable: Que los cuerpos son lugares de existencia y que no hay efectividad sin un lugar, sin un ahí o un aquí. Sostienen que el individuo enfrenta lo urbano con su humanidad, deja que sus piernas midan la longitud y la anchura de las plazas y los portales; revelan que en su mirada el prójimo de a pie inconscientemente proyecta su figura sobre las fachadas de las iglesias y se siente pequeño; además, que se abruma por las molduras y los contornos, especialmente al tratarse de las grandes columnas o los refulgentes muros forrados de mármol; más todavía, lo acobarda ponerse enfrente de los sagrarios y retablos bañados con pan de oro, que de cierto le hacen sentir cuan vivos son los entrantes y salientes de tan magnas joyas. Ultiman que miedo le da al tímido, al momento de tomar el tirador del gran portón de acceso a esa estancia grande y ostentosa llamada iglesia, porque de forma natural cuando intenta entrar al oscuro vacío que podría encontrar por detrás termina por atemorizarse, agravado si se aprecia un paria social, por defecto un pecador; ergo, todo salda haciéndose carne en él; entonces, hombre y ciudad se complementan y se definen el uno al otro, él habita en ella y viceversa.

Pero no es que en el primer cuarto del siglo veinte la ciudad de Loja haya sido fea ni bonita, derrotada ni triunfante, aceptada ni rechazada, pobre ni rica, igual ni distinta a las otras, solidaria ni del todo egoísta, justa o injusta; temas que en sí mismos constituyen conflictos que siempre quedarán sin definición. No obstante, pocos se han atrevido a negar que durante las siguientes dos terceras partes de la centuria, propios y extraños siguieron calificándola como una urbe incompleta. Por ejemplo, la mayoría de las moradas venían de ser edificadas de uno o dos centenares de años atrás. Tapiales, paredes de adobe y bareque eran lo existente, predominaban pintadas con una capa blanca o teñida de pegamento, merlán o zinc blanco y agua que llamaban calcimina, y las primeras calles se revistieron de adoquín tallado en roca basáltica; el líquido para consumo humano y para los animales era de pozo, tres décadas después del evento de los diablillos llegó potabilizada y mediante tubería; en cada vivienda obligatoriamente se construyó un foso séptico, por esa misma razón por los ríos y quebradas escurrían aguas cristalinas, en ellas se podía pescar truchas y carpas; la foresta era bella y abundante, una multiplicidad de pájaros anidaba por doquier. En las residencias del centro, las cocinas y los necesarios cuartos de baño usualmente se instalaban a ras de piso en el patio delantero, porque hubo grandes casas de hasta dieciocho alcobas y cinco patios. Nunca escasearon los objetos decorativos, abundaron los baúles olorosos a pastillas de naftalina por la necesidad de conservar mejor las costosas vestimentas, especialmente las domingueras.

Así ocurrió hasta 1960, cuando en las calles Dieciocho de Noviembre y Miguel Riofrío se diseñó y construyó la primera residencia de dos plantas y en puro hormigón armado que, a pesar de estar emplazada en el núcleo inicial de la fundación de la ciudad, tan modernísima construcción por fin logró romper con la vieja normativa de no dejar retiro frontal, posterior, ni lateral, situación que el Municipio empezó a legislar desde ese momento histórico; antes y en muchos casos se admitía que los retiros frontales se consolidasen como portales semipúblicos. En efecto, la casa en cuestión se convirtió en la primigenia del proceso de modernización urbana; vino luego una arquitectura un tanto ilusoria donde la escala de las formas, la luz, los colores y los materiales implementados en las obras junto a múltiples aspectos constructivos empezaron a dar un carácter propio al movimiento moderno.

Para aquel tiempo, en la zona urbana de la cabecera cantonal se tasaba una población de ocho mil gentes y algo más de tres mil quinientos congéneres viviendo por dispersos caseríos de un derredor rebosante de precarias condiciones; a saber, en todo el cantón incluyendo las parroquias rurales, el colectivo bordeaba los treinta y dos mil habitantes. El primero de los vehículos a tracción animal que llegó a Loja fue comprado en 1917 y dos años después arribó el primer carro a combustión interna.

Regresando al relato del plagio:

—¿Por tercera vez ha dicho usted?

—Dicen que de la profunda oscuridad apareció el carruaje.

—¿El mismo de las dos primeras veces?

—Sí, también afirman que es de propiedad del diablo, que a toda velocidad subió por la calle Bolívar.

—¿A qué obedecería?

—Muchos concordamos que en los últimos meses el borrachito Miguicho ha llevado una vida llena de pecado.

Un día después de la repetida acción diabólica y a punto de terminar la Luna negra, el entrevistado Gobernador dijo estar sumamente preocupado por el silencio del Alcalde y en especial de la Curia Diocesana. Al mismo tiempo expuso eruditamente que el Clero ampliado no podía, ni debía, quedarse mudo ante la demostrada presencia de Satanás. Decía la misiva despachada desde el buró del alto representante del Poder Ejecutivo:

> *Su Excelencia Señor Obispo, muy comedidamente y para tranquilidad del pueblo, que es mi obligación defender de todo mal terrenal, le encarezco pronunciarse lo más pronto posible, ya que sobre asuntos inherentes al cielo o al infierno nuestro marco legal no ha previsto manera alguna de afrontarlos.*

Además, sin empacho, la misma autoridad expresó a los cuatro vientos que seguía muy complacida por el empeño y la devoción de algunas señoras de sociedad —se refirió especialmente a las viejas beatas—. Pues, durante nueve días continuos, tan dignas abuelas y las solteronas pondrían sus rezos en encomiástica peregrinación, así les tomara todo el día y en ayuno arrodillarse por largas horas en los reclinatorios y las casillas de las iglesias del centro urbano: La Catedral, San Francisco, Santo Domingo y San Sebastián. Apenas clareando, cuando se apagaban las farolas del alumbrado público se las vio solitarias mientras subían las escalas de los templos; en cambio a la salida iban agrupadas.

□

III. Cantinas

Todas las tabernas se habían instalado con dirección al sur de la calle Bolívar, que era y será la principal arteria vial de la ciudad. Quedaban muy cerca de la plaza de la Independencia, ahí donde se gritó la liberación del yugo español. En tiempos coloniales, precisamente en esa locación los criollos levantaron la iglesia de San Sebastián, orientada hacia el costado suroccidental.

Apenas iniciada la ferviente novena cristiana ofrendada por las viejas beatas al Creador de todo lo que existe, en la prensa escrita se publicó que un pequeño grupo de caballeros jóvenes dijo aceptar que de forma imprudente y sin el consentimiento de sus padres se habían tomado la licencia de aguantarse hasta medianoche libando aguardiente en la misma cantina antes visitada por los hijos del dueño del infierno, y que en tales circunstancias fueron testigos mudos de una cuarta desaparición. Declararon que previamente escucharon el ruido retumbante de un carruaje negro subiendo a toda velocidad la cuesta, que sus cuatro ruedas de palo golpetearon toscamente con los últimos adoquines de ruda piedra, previo a tomar el piso recubierto con lastre de río; agregaron que el eco hizo traquetear los oxidados techos de zinc. Aseguraron que el vehículo desapareció de su vista llevándose a otro infeliz; que después y enseguida el aire se hinchó de un grito prolongado, sonoro y continuo, completamente anormal e inhumano que solo podría surgir de las entrañas de los demonios.

Resignados a la vergüenza y a la desilusión, no omitieron hablar del susto del que fueron presa y que por ello dejaron tiradas en la mesa botellas y vasos; además, que a pesar de la gran borrachera que traían encima el pellejo se les hizo como carne de gallina, pero adicionaron que sin dificultad lograron advertir certeramente un carro negro, tal cual era la única carroza fúnebre llegada a la ciudad. Que esa máquina por ventura iba rodeada por los cuatro costados con velas multicolores fosforescentes, que gracias a su resplandor perfectamente vieron los rostros embetunados del conductor y de los dos seres que iban colgados atrás, similarmente extraños —ratificando así la aseveración de las viejas beatas—. En total tres diablillos vestidos con trajes negros y enormes sombreros de igual color.

—Se llevaron al chuchumeco Quispe —dijo uno de los jóvenes.

—Desde adolescente se le tiene como magnífico albañil y muy habilidoso —dijo otro.

—Virgencita del Cisne, protégenos de todo mal satánico —acotó el cronista.

Uno de los jóvenes aseguró que también vio en los rostros de los diablillos una especie de lengua de fuego. Otro dijo no acordarse de nada, porque se desmayó, y que sus cofrades no tendrían problema en certificar que botó espuma por la boca y nariz al momento de perder el conocimiento.

En la práctica, solo un puñado de personas se permitió poner en duda tan valiente testimonio hecho público al margen de la vergüenza, precisamente por valerosos jóvenes conservadores de la clase adinerada; los incrédulos a lo mejor sí debieron sentir, por lo mínimo, algo parecido a un mordisco de hielo en las plantas de los pies y en la ingle. Quedaba confirmado entonces por la mayoría que, por cuatro veces en una misma semana de Luna negra, el diablo se había llevado a igual número de infelices chuchumecos, en cuerpo y alma, dejando en la población un pavor sin saber su causa, sin opción para poder diferenciar una sensación nauseabunda de otra peor provocada por el posible olor de la pezuña de Satanás atascada en el barro; además, empezó a notarse un tropel de vichauches cayendo muertos. Cada quien quedó en libertad de pensar si aquellos raptados andarían en pecado mortal; sin embargo, de lo que sí hubo consenso es que, para ellos, se trataría de un gran susto y un castigo antes de cargárselos Doña Muerte.

—Virgen Santísima, ¿qué pasará cuando dejamos de respirar? —cuestionó una vieja beata, a una similar.

—En la misa, el señor curita ha sugerido acompañar a nuestros difuntos por lo menos veinticuatro horas antes del sepelio, sin fallarle un solo segundo y sin dejar de rezar —le respondió.

—¿Cómo ahuyentar a Satanás? —preguntó una tercera.

—El padrecito santo ha dicho también que el fatídico carruaje bien podría llevarse al muerto mientras le velamos —le respondió la más locuaz.

—Será mejor que hasta darle cristiana sepultura los parientes y amigos nos esforcemos en rezar e invocar a Dios, para que solo él se lleve su alma y no el diablo —le respondió la misma beata.

—*Amén*, así se hará —dijeron todas en coro.

Pero algunos liberales burgueses, en su ego de hombres maduros y de batalla, jamás creerían en fantasmas, mucho peor en la existencia del diablo. Sin demora desafiaron aquella que en pocos días parecía convertirse en una creencia, en un acto fanático. Dejaron sentado que, si los conservadores querían creerlo, pues que lo hicieran en la privacidad de sus hogares. Empero, reclamaron que los desobedientes jóvenes se habrían quedado con una parte de la verdad, ya que ninguno de ellos mencionó palabra alguna sobre un supuesto borrachito que habría permanecido hasta el alba, plácidamente dormido en un chinchorro colgado a un costado de la cantina.

—Para que los curuchupas y también nuestras esposas duerman tranquilos, nos autoconvocamos en el parque de la Catedral para esta misma noche, a las once en punto, iremos caminando hasta la cantina y de presentarse alguna cuestión sobrenatural sabremos afrontarla con las armas de fuego de nuestra propiedad —exclamaron los cabecillas ante los marchantes, aunque por dentro estuvieren desfallecidos de terror.

¿Qué tal si aquellos jactanciosos triunfaban, y en calidad de trofeo exhibían el primer cadáver de un hijo de Satán? Definitivamente, eso habría permitido a la humanidad posar sus propios ojos y tocar con la mano lo inédito. Hasta Dios quedaría impávido, y quizá el mismo Vaticano se obligaba a reescribir la Biblia.

En ese tiempo, los tocadiscos solo hacían parte del mobiliario moderno en contadas casas de familia con alto poder de compra; asimismo, todavía no habían llegado las famosas rocolas, maravillosas máquinas para tocar los discos de vinilo; no obstante, en ningún antro faltaba la música, porque esta era interpretada con guitarra y a capela, y predominaban los pasillos largos, tristes y melancólicos.

Los cronistas dejaron claro que cuando cumplían el plan, exactamente al momento de sonar las doce campanadas de la iglesia de San Sebastián, y en un santiamén, los atrevidos liberales escucharon el bramido de un carro tirado por corceles azabaches. Quedó escrito, reiterando lo advertido antes, que las ruedas de palo golpeteaban los irregulares contornos de los adoquines de ruda piedra, y que ese artefacto traía por lo menos el doble de velocidad que un carruaje equipado con cuatro briosos equinos. También citaron que carros de ese tamaño solo los tenían dos familias y uno la Curia Diocesana, a los que usualmente vieron arrastrados por caballos bayos, particularidad que degeneró en perniciosa confusión.

Desde luego, no pudo tratarse de una de las estrafalarias carretas que la gente del bajo estrato social contrataba a diario para trasladar bultos de un sitio a otro; esos aparatejos tenían dueño: Un carretero pobre, siempre sucio, inculto y maloliente; en la ciudad eran contadas y todas paraban alrededor del mercado central. Les alcanzaba un animal viejo, sea caballo, yegua o mula; dos largos palos completaban el chasis, en el extremo delantero se ataba el cuello, así la frentera, el bozal, la barbada, el ahogador y la cabezada iban apretando muy fuertemente al equino contra la madera, generalmente no portaban silla de montar ni pisador de la jáquima, los frenos partían de la cabeza hasta convertirse en largas riendas a fin de que el conductor pudiera maniobrar sentado en la carreta.

Debajo de la cola se veía colgar un costal de yute encargado de recoger el estiércol, para que este no cayera a los adoquines de la calle; no llevarlo implicaba una grosera multa municipal.

Afirmaron los avezados liberales burgueses que el funesto carruaje de repente se paró en frente de la cantina donde también libaban cuatro desaprendidos chuchumecos, cuando bien pudo hacerlo en las otras que permanecían abiertas en un radio de doscientos metros. Asimismo, estampillaron que de pronto vino una ráfaga de viento muy frío, tan veloz que se apagaron con violencia todas las velas de cera blanca y las dos lámparas Petromax a gasolina instaladas por el dueño del antro, al tiempo que las puertas de madera se lanzaron a golpetear insensatamente contra su propio marco.

Al siguiente día, repitieron sin escarmiento una y otra vez que la luz volvió pero fosforescente, de múltiples colores nunca vistos, igual de intensos que el resplandor dejado por el papel de mercurio usado en las cámaras fotográficas tras violenta incineración; dijeron también, que esas que a lo mejor tampoco serían velas siguieron ardiendo cuando en estampida salieron del lugar; mencionaron que un pensamiento turbador les invadió, pues pensaron que quizá los diablillos se llevaron las ceras blancas con indecible y perversa intención. Concordaron todos que después de contados segundos no se vio más al carruaje.

Ya a media mañana, se aseveró en lugares públicos y privados que el dueño de la cantina y los que se publicitaron cómo duchos hombres habían salido en carrera abierta y llevando la sangre helada. Llegado el mediodía, un centenar de personas, sin que importara su afiliación a las filas liberales o conservadoras, se reunieron espontáneamente en una esquina del parque de la Catedral. Todos, contagiados y pasmados de temor exudaban urgencia y en coro desafiaron al Obispo a sabiendas de que él no lo autorizaría, así que se fueron marchando, tal cual son los desfiles en conmemoración del grito independentista y se plantaron enfrente del ya célebre antro. Solo tres se adentraron para recoger las pruebas de lo sucedido; cuando los supremamente templados de carácter entraron, se percataron de que indubitablemente todas las ceras de colores debieron consumirse hasta acabarse a altas horas de la madrugada; por consecuencia, ya nadie podría certificar el transcendental pormenor del diabólico cambio de velas, pero dijeron que hallaron algo más escalofriante, tétrico.

Los que fueron por delante de la marcha de un tirón entraron y en un santiamén se quedaron mudos, absortos y estáticos con solo advertir sobre una roída mesa de madera dos largos huesos de un cadáver humano. Sin excepción salieron en carrerillas a rezar un rosario, que claro, fue coreado por una muchedumbre que se les unió de vuelta al parque de la Catedral. Algunos se percataron de que otra vez amanecieron varios cientos de vichauches muertos por todo lugar; no faltó quién esta vez sí lo relacionara.

Pasada una hora —en una perezosa tarde que no empezaba a desmayar, clara y sin lluvia— un tropel de gente visitó al párroco de San Sebastián, cura de ochenta y ocho años, quien les dijo nunca haber visto al diablo, pero que vichauches muertos solía recoger a diario de los patios y jardines de la casa conventual. En cuanto el anciano sacerdote fue enterado de semejante calamidad debió apurarse, corrió por agua bendita y la echó en cada punto de la cantina y sus alrededores, mientras recitaba oraciones en latín. Minutos después, en multitudinaria procesión, todos los curuchupas y un apreciable número de liberales burgueses salieron de camino al cementerio de los pobres con la consigna de enterrar los restos óseos. Terminada la tarea, cayó la tormenta, truenos, relámpagos y granizo, de forma jamás antes verificada. Pensó el clérigo octogenario que esa fue la mayor experiencia de su vida religiosa y juró ante el altar repetir en los sermones una crónica resumida de los sucesos. Fue sin duda una muestra de la habilidad de Satanás para asaltar el corazón humano, una relación diabólica con los cinco sentidos del hombre —dijo— ojos que fueron posados en un carruaje y unos hombrecillos vestidos de negro, oídos que oyeron el incesante golpetear de las ruedas de palo sobre los adoquines de piedra y el bramido de los techos de zinc, narices que aspiraron el humo emanado de velas de cera multicolores apestosas tal cual es la combustión del azufre, bocas que echaron espuma, y la piel como de gallina de los que se creyeron valentones.

Hasta este punto de la historia, porque se dice que nadie intentó considerar ese conjunto de sucesos como una elaborada fábula para ser contada en el futuro y asustar a los niños o a los pecadores, el narrador está en condiciones de afirmar que coincidieron los cronistas de *El Mensajero* y *El Heraldo*. Entonces: ¿Siguieron escribiendo sobre el carro del diablo? Muchos han dicho que nunca más.

Pero a lo mejor esa afirmación no es tan pegada a la exactitud histórica. Entretanto, no habría tenido sentido, ni valor, agraviar ni ensalzar a los testigos. Sí fue prudente dejar patente que los valientes hombres de aquella noche fatídica, luego de jugarse la vida misma, muy pronto se convirtieron en fanáticos de la devoción cristiana, tan asiduos y apasionados a la misa tal si fuesen viejas beatas, al extremo de inscribirse en el Partido Conservador. Para otros, los supuestos valerosos liberales burgueses no existieron, sostuvieron que se trató de conservadores infiltrados en las filas del liberalismo.

IV. Serendipia

Más allá de lo que como narrador anduve buscando, ciertamente por mero accidente, algo de casualidad y de forma inesperada, di con una solución para otro problema al que tenía pensado responder. Hallé los nombres de ciertos señores que gustaban de escribir ensayos críticos sobre las grietas ideológicas y los desatinos de los gobernantes conservadores y liberales, que en ese mismo orden gobernaron el país. Los personajes a los que me refiero jamás pertenecieron a las plantillas de los periódicos locales, a lo mejor porque eran muy severos con las causas y consecuencias de las continuas vacancias del Poder Ejecutivo, las que varias veces se confundieron con el interés militar. Por ventura, ellos dejaron escrito todo lo contrario, es decir, que el asunto de los raptados por disposición de Satanás no terminó tan fácilmente, razón única que ha motivado a este su servidor a rescatar un pedacito de la historia local a través del relato.

Así es, encontré muchas notas en varios escritorios olvidados que fueron propiedad de recordados personajes que fundaron y lideraron en la urbe el movimiento Vanguardia, militantes que con el tiempo se integraron al Partido Socialista Ecuatoriano, creado en 1926. Mediante los escritos que dejaron —y que sería un crimen abandonar al olvido— pude ponerme al corriente, ulteriormente, de que en tiempos de los cuatro plagiados, de los huesos y de los vichauches suicidados, no todos coincidieron en que se trató de un único carruaje negro, que pensándolo a carta cabal no iba a tanta velocidad como sostuvieron los que se pintaron de testigos, que cada acto no se ejecutó tan rápido según afirmaron otros, que bien podrían inexistir los diablillos, y que ciertos indicios conducían a pensar en un posible plan secreto diseñado para que con el accionar de desconocidos ejecutores la ciudad pudiera liberarse de los que en el seno familiar de conservadores y moderados liberales burgueses, aunque mucho más en los primeros, eran denominados con el osco y despectivo concepto de: «Los chuchumecos dislocados»; noción que de cierta manera agrupó a una subcategoría de habitantes del suburbio, mortales caracterizados por un evidente estado de desconcierto, individuos absortos y ajenos a la realidad; personas que parecían los insólitos entes, que —especulando un mundo— pudieron influir cinco años después en quien escribió el pasillo *Alma lojana*, concretamente la última estrofa: «Tal vez la muerte todo lo haya acabado, seres extraños mi Loja habitarán, solo el Zamora conmigo llorará».

Tirando a la bartola. De esos hombres que nacieron y nunca salieron de la pequeña comarca no hay razón para pensar que alguien no supiera sus nombres y apellidos, el santo y seña, como era la costumbre decir en otrora tiempo; además, es primordial señalar que eran los mismos prójimos que en búsqueda de caridad durante todo el día se sentaban o echaban sus cuerpos sucios y enjutos sobre los grandes portales de las iglesias. Aquellos infelices mendigos provocaban una mezcolanza de repugnancia y piedad en los feligreses que jamás perdían la fe; no cabe olvidar que también había fieles a la misa que preferían no dejar muestras de altruismo y que se confesaban solo una vez al año.

Al igual que la calle Bolívar, la segunda paralela ubicada al occidente fue denominada Dieciocho de Noviembre, asimismo fue concebida para el tráfico vehicular en sentido Norte-Sur, mucho más corta en longitud. También fue revestida de adoquín de piedra tallada a mano, aunque únicamente hasta el punto donde empezaba un estrecho sendero delimitado por pencas entrelazadas entre largos y fragantes árboles de eucalipto. De ahí en adelante, en algunos tramos se transitaba sobre tierra apenas afirmada mediante el uso manual de grandes pisones y de trozos recubiertos con lastre del cercano río Malacatos. La vía generalmente sufría daños por el agua de escorrentía y era sustancial por ser la única para el paso del carro fúnebre que iba tirado por caballos con destino al camposanto, esfuerzo motriz que incluía cruzar un singular y hermoso puente en forma de arco construido con miles de pedruscos porosos semi-rojizos y azulados enlazados con artesanal argamasa. Había cierta confusión, algunas piedras expuestas eran algo fluorescentes y causaban absurdos temores, porque iguales flamas parecían brotar a menos de cien metros de distancia, esto es, del centro del cementerio de los pobres, que para entonces siguió carente de iluminación eléctrica; ninguno de los supersticiosos sabía que hay rocas con la capacidad de absorber la luz del sol y radiar varias horas después.

El carruaje funerario era seguido a pie por gentes muy elegantes y a bordo de corceles vestidos de coronas y floridos ramos, la mayoría artificiales; en fin, de familiares y decenas de amigos, pues nadie se perdía de asistir a un velorio y de expresarle el último adiós al muerto, aunque este ni se enterara. «Porque el Señor, tu Dios, es el Dios de todos los dioses y el Señor de todos los señores. Él es grande, poderoso y terrible. Él no tiene favoritismos ni acepta sobornos» —iba declamando un cura y *amén* coreaban los convocados—. Sin embargo, para los muertos que se pagaba carroza, aun sabiendo que se es nada en el origen y en el fin de la vida, era una obligación social construir y reservar para cuando llegara el momento un mausoleo revestido de costoso mármol y ostentosas leyendas finamente elaboradas en bronce, junto a varios copones del mismo material para que siempre pudiesen colocarles flores frescas o de papel, al menos hasta la llegada del temprano día del olvido colectivo.

Para los de la naciente y pequeñísima clase media —aunque este término económico-social todavía no se había inaugurado como tal— a sabiendas de que naciendo y siendo rico nunca se era pobre y viceversa, el Municipio en el Cementerio General empezó a construir las primeras tumbas alojadas en edificaciones de ocho pisos, los nichos de abajo tenían mayor precio, pero cualquiera fuese su ubicación las familias bien podían colocar lápidas en mármol barato con datos del difunto y versículos bíblicos acerca de la igualdad.

Y claro, para los verdaderamente pobres, por acción benevolente de las sociedades obreras de solidaridad fundadas y controladas por el Clero, se segregó un espacio de tierra pelada, aledaño y a la vez distante, donde sencillos féretros de madera rústica se enterraban con evidente desorganización, así que los dolientes debían poner una simple cruz de cemento, sobre la cual con pincel y pintura de color negro se habría de escribir a mano un nombre y la fecha del entierro; obviamente, los ataúdes de los sin plata ni alcurnia, llegaban al panteón a fuerza de hombros de familiares y amigos, las mujeres caminaban y rezaban a la vez, mientras que la mayoría de los convocados iban casi borrachos y cantando los pasillos que gustaban al muerto, seguidos de un tropel de perros meneando la cola. Todo eso pasaba de ordinario, muy a pesar de que los curas a cargo de dar la postrimera despedida repetían que somos iguales, que todas las calaveras son chatas y blancas. Hacían corear: «El rico y el pobre tienen esto en común: A todos ellos los hizo el Señor».

Desde el inicio de la República sucedió un ir y venir de convenciones constituyentes, leyes y decretos que variaron las formas de designación y competencias de los municipios, y todo daba vuelta atrás o quedaba derogado con cada periodo de facto. A mitad del siglo diecinueve, los cabildos eran nombrados por el Poder Ejecutivo; en 1878 una nueva Carta Política estableció por vez primera la autonomía municipal. Seis años después una Convención Constituyente restableció su independencia y que se encargaran de todos los asuntos de la provincia. Las Asambleas Electorales Provinciales designaban a los concejeros que daban cuórum a los también llamados Concejos municipales. Una siguiente Constitución creó las cabeceras de cantón y estipuló que serían presididos por el jefe político nombrado por el Gobierno central.

En cuanto Eloy Alfaro fue investido con la banda presidencial en 1895, el Clero y el Partido Conservador se alinearon abiertamente en la oposición; la repetida consigna del gremio religioso decía: «El enemigo es el liberalismo y el radicalismo en toda su más repugnante desnudez y asquerosa deformidad». Encaramados en el púlpito y sin ocultar oscuras nebulosas interiores esa sentencia era pronunciada a viva voz en todos los sermones de los curas párrocos, así lograron inicialmente que el indígena y el campesino identificaran al nuevo movimiento político como engendro del demonio, de la maldad, la herejía y el ateísmo; no obstante, primero los montubios simpatizaron con la Revolución alfarista y pronto se le unieron cientos de miles de pobres. Durante quince años primó la desunión en el país, que encontró un saludable paréntesis con la amenaza de una nueva guerra con el Perú. Un protocolo y un tratado de límites se habían firmado con el vecino del sur y no se resolvió el problema. A inicios del siglo veinte se esperaba un laudo arbitral del rey Alfonso XIII de España que se definiría reconociendo a los dos países su condición de amazónicos; ese dictamen fue un fracaso, se desconoció el derecho ecuatoriano y en 1910 casi nos fuimos a la confrontación bélica. Desde entonces no cesó la alerta. Las ramas militares crecieron y se organizaron mejor; tres cuartas partes de los empleados en las diversas oficinas públicas provenía de las filas de la milicia, se reclutó a muchos ciudadanos jóvenes para montar la Primera División lista para pelear. Con preclara visión de gobernante y militar, el mandatario direccionó su esfuerzo a estructurar, organizar y modernizar el Ejército, contando para ello con asesorías chilena e italiana. Es sustancial a los eventos que conforman este relato el hecho de que se haya creado la Escuela Especial de Caballería, y que en ella ya estaban formándose los primeros efectivos para fundar el Escuadrón No. 3 «Cazadores de Los Ríos».

Regresando al año del Señor de 1925, cuando ocurrió el avistamiento del carro del diablo, rápidamente cambió mucho en la provincia. Sucumbió cierta bonanza económica que avanzó durar una centuria gracias a las exportaciones de la generosa cascarilla —que inclusive se usó como moneda de cambio y fue el principal producto de la precaria economía del sur patrio—. Además, durante un cuarto de siglo disfrutaron de la reactivación del comercio con el vecino del sur, que se rompió con la primera guerra de 1858. En ese intercambio el tema del azúcar proveniente de los ingenios de la Costa llamados Adriana y La Capilla resultó por demás interesante, porque se acopiaba en la ciudad para llevarse al Perú por la vía del contrabando, hasta que se creó la Oficina de Aduanas. Negociar el edulcorante habría provocado un salto y diferencias con otras comarcas, ya que motivaron la apertura de establecimientos comerciales de primer orden. También fluyó mejor la compra venta de bienes con las provincias colindantes de Zamora-Chinchipe y El Oro.

Todo cambió con la drástica disminución del precio de la cascarilla: Abruptamente se detuvo el ciclo económico, decayeron los ingresos e inmediatamente vino la depresión económica. En respuesta al gran problema, los terratenientes declararon que no tenían otra opción que poner empeño en la diversificación de la producción agrícola. Para ello, no dudaron en exigir y luego tomar ingentes préstamos baratos del Gobierno. Las condiciones de competitividad en comparación con otras zonas del país distaron de ser las mejores. Preguntaban los pobres: ¿En qué usan los créditos? La verdad es que con ese dinero circulando pocas opciones laborales se crearon, solo escasas favorecieron a los artesanos.

A excepción de los burgueses, los comunes se comieron con la vista nubarrones negros. Además del anuncio de entrar a un renovado ciclo de la economía local basándose en la agricultura, fue evidente que los terratenientes no encontraron mejor momento para reforzar el control de la tierra. Así implementaron un nuevo modelo que marcó fuertemente el futuro. La anunciada diversificación de la producción agrícola —que resultó fantasiosa y ficticia— chocó con el imperante sistema de la hacienda —uno de dominación totalitaria— que siguió sirviendo para controlar socialmente a la población. Por causa del singular ajuste del *statu quo*, esto es, de una mayor concentración del poder económico y social, se decretaron peores condiciones y prácticas de vida en lo extenso de la provincia. Por ello se marcaron diferencias con el resto del país en muchos órdenes, tal cual es una isla desconectada del continente. También la Iglesia usufructuaba de latifundismo y de la explotación del arrimado como efecto del sometimiento espiritual de las masas campesinas, analfabetas y atemorizadas.

Las precarias garantías sociales y económicas para los arrimados inmediatamente se tradujeron en condiciones de mayor miseria; en suma, con ingresos monetarios cada vez menores se hacía imposible la vida. La falta de garantía en la salud fue la raíz de la más alta tasa de mortalidad infantil; la educación por poco era inexistente. A diferencia de lo que sucedía en el resto del país, los terratenientes lojanos empezaron a desconocer la condición de arrimazgo hereditario, que consistía en que los hijos de los originales tomaban a cargo tanto las posesiones de la tierra, como de las obligaciones adquiridas por sus padres o abuelos; de cierto, una tergiversación del idioma ya que, si bien vivían en casa ajena, no lo hacían a costa de su dueño; era al revés, casi nadie recibía un sueldo y principiaron a migrar de Loja.

A causa del descontento nacional durante el periodo de la hacienda —1900-1979— llegó la fractura social, así las movilizaciones finalmente consiguieron la reconfiguración del perverso sistema de dominación. Progresivamente la burguesía terrateniente, la Iglesia católica y el Partido Conservador fueron perdiendo espacios. Mucho empezó a cambiar con la era petrolera, aunque muy lentamente en favor de los pobres.

Con dirección hacia los costados este y oeste del centro urbano, hasta dar con las crestas de las montañas, existían muchas tierras en espera de ser explotadas. Las partes bajas y planas apenas se ocupaban para pastar contadas cabezas de ganado y limitadas producciones de granos, hortalizas, frutas y verduras. En las zonas altas, entremezcladas con bosque nativo y nublado de la cordillera de los Andes, abundaba la cascarilla ansiosa de ser recolectada, pero esa actividad cesó definitivamente.

Por el extremo suroeste, por ejemplo, partiendo de la orilla izquierda del río Malacatos, a poco de topar las cumbres circundantes, no se habían parcelado los grandes latifundios originados en los tiempos de la colonia española traspasados por herencia. Igual ocurría con el otro, llamado Zamora, que asimismo cruza la urbe; sin embargo, ésta se extendía muy lentamente por ese costado. Respecto del aludido sector era bien conocida la existencia de un rústico camino para uso exclusivo de los dueños, sellado con un enorme portón, sendero que iba paralelo a la ribera zurda del curso hídrico. Ahí continuaron sin mínimo uso varias decenas de hectáreas que conformaban una planicie espectacular circundada por un complejo montañoso conformado por cerros forrados de foresta primaria donde predominaba el pino Estrella.

Corría el rumor respecto de un sospechoso legado en favor de la Curia Diocesana hecho por una joven monja enclaustrada, ejecutado legalmente cuando quedó huérfana. Se sostuvo que a finales del siglo anterior y para garantizar su paso a la vida eterna en el cielo, la priora por voluntad propia y en uso cabal de sus cinco sentidos, traspasó a la Diócesis toda su fortuna que incluyó una gran extensión de terreno ubicada precisamente en el extremo sureste de la hoya, tan grande era el latifundio que llegaba a las nacientes del río Zamora.

Para siempre los mencionados ríos serán importantes, se constituyeron en ejes longitudinales marcadores del alargado crecimiento de la ciudad; los dos cursos hídricos vierten en sentido sur a norte, se unen formando una *ípsilon* o letra *i* griega, dicho de forma sencilla una *ye*, punto geográfico que fue usado para delimitar el primer perímetro urbano que dictó el Concejo Cantonal, facultad legislativa que la Constitución de la República les otorgó a los municipios. También se escuchó el rumor de que, en el mencionado latifundio ya en poder de la matriz eclesiástica, estaba medio construida una casona de retiro espiritual para los curas, muy grande, construcción que habría sido iniciada casi veinte años atrás por orden del anterior obispo y nunca usada, razón por la que se quedó en suelo áspero, de tierra pelada. Las obras paralizaron por disposición de quien las inició precisamente, cuando llegó a su conocimiento que por mandato alfarista esa propiedad, así como otros latifundios improductivos del país, irían pasando paulatinamente a manos del Ejército Nacional. Es altamente probable que el nuevo presidente de la Diócesis, un foráneo recién llegado en 1920, todavía no anduviera al tanto de la situación.

V. Sorpréndase, lector

Pasada la novelería, incontables gentes cargaban dudas respecto de la exhibición del carro del diablo.

—¿Qué pasa, señor Alcalde? —le dijo un exaltado y nervioso Obispo, sin intención mínima de ocultarle sentirse víctima silenciosa de una confusa incertidumbre.

Al aburguesado clérigo se le habría olvidado extenderle el protocolar saludo que usaba a diario con la gente notable. Pero, a lo mejor no se le pasó por alto, ya que aquel burgomaestre ocupaba el cargo en gracia a la decisión de facto del Gobernador, nada eclipsaba una gran amistad entrambos.

—Excelentísimo Señor Obispo, permítame extenderle la más cálida bienvenida a este humilde Despacho. En el supuesto de que mis predecesores no lo hicieron, cabe entregarle un sincero agradecimiento en nombre del pueblo por dignarse venir de tan lejos para tomar posesión de la elevada magistratura, y en especial por el gran trabajo que viene haciendo desde entonces. Usted coincidirá conmigo en que arrebatarles el mando a los liberales propulsores del estado laico fue lo mejor. Acostumbro ir a misa dominical.

—Su Eminencia, le agradezco el parabién.

—Excelencia, ¿a qué asunto se refirió específicamente? —le cuestionó.

—Permítame explicarle con grande detalle.

No sería fácil discutir cualquier espinoso tema en el Despacho de un Alcalde encargado, que apenas una semana atrás sucedió a quien fue elegido en la última Asamblea Electoral y removido por disposición de la Junta Cívico-Militar. Pocos ciudadanos esperaban que el flamante burgomaestre cumpliera un mes como burócrata.

Los despachos de los funcionarios directivos —un reflejo de lo que sucedía con el cargo de Alcalde— eran ocupados por el encargado de un suplente, y este lo era de otro sustituido; de hecho, también había direcciones y menores dependencias acéfalas por varios meses; pocos aceptaban asumir esas responsabilidades. Tampoco el jefe de la Séptima Brigada Militar quiso ayudarle, es qué, ¿cómo hacerlo?, en circunstancias de que el Gobernador echó a experimentados oficiales que por años cumplieron la disposición de ocupar puestos de dirección provincial; por citar algo histórico, en un mismo día fueron sacados de todas las entidades, especialmente de la Jefatura Política, la Comisaría y las Delegaciones Ministeriales. Al interior del Municipio la crisis era redonda; por ejemplo, el personal responsable de la limpieza de plazas y calzadas se quejaba de no tener las herramientas mínimas, ni siquiera palos para las escobas que les tocaba fabricar a ellos mismos con paja seca recogida en los contornos de la laguna de Jipiro; para los usuarios, se convirtió en un viacrucis conseguir la firma de alguien que quisiera firmar en nombre del comisario de higiene un simple permiso para usar un cubículo en el mercado, o autorizar el uso o venta de un nicho en el cementerio, ni hablar de trámites inherentes a permisos de construcción o el inicio de obras urbanas. Menos mal que los ríos, encajonados con fieros y rudos muros de hormigón como mal empezaron a manejarlos, por suerte con las crecidas causadas por las lluvias no se afectaban las calles del centro con inundaciones, que sí ocurrían superada la *ye* que los juntaba. El malestar era generalizado, en consecuencia, muchos se preguntaron por la inestabilidad e invariable desatención de la ciudad. Lo irónico, es que el sillón del Alcalde era codiciado, a lo mejor la explicación deviene de la costumbre de colocar una fotografía o una pintura de un metro cincuenta de alto por uno de ancho, bordeado de ostentosos marcos de madera a veces dorados, que perennizan a los ilustres en la locación que pronto denominaron el Salón de los alcaldes.

—Usted habrá notado lo feo que se han puesto las entradas de nuestros queridos templos, especialmente el hermoso portón de la iglesia de la Catedral, ahora lo evaluamos deslucido —dijo el primer clérigo de la plaza.

—Para entender con precisión el reclamo de Su Eminencia, ¿debo inferir que se ha referido a los *sin techo*?

—Permítame continuar, en el mismo orden de cosas no tengo más recurso que ser sincero con Su Señoría; en la Presidencia de la Santísima Iglesia Provincial hemos recibido múltiples reclamos de los fieles, por ello le solicito su atención.

—La ciudad misma fue desatendida por mis predecesores, también está en mi pensar y reflexión el asunto de la mendicidad.

A continuación, el Alcalde apeló a la vieja costumbre de los que suelen llegar con planes de quedarse cuatro años en el ejercicio, no se diga de los escogidos a dedo como temporarios, que no es otra, que culpar de todos los padecimientos de la ciudad a sus predecesores; no obstante, que su sapiencia los llevaría a cambiarlo todo. Les resulta fácil hablar del *qué*, nunca del *cómo*, y sin duda buscan refugio en el típico discurso de la escasez de recursos del país.

Luego agregó que los liberales burgueses vaciaron las arcas fiscales, que el centralismo acaparaba con lo poco que se recaudaba, que en Loja esa materia dejaba mucho que desear, que ni las deudas que contrajeron los hacendados con el Estado se pagaban. Antes de proseguir, le aclaró su parecer respecto de esos préstamos impagos. Le tomó varios minutos exponer una larga y vacía explicación, hasta concluir en que lo más justo sería condonarlos, ya que muy a pesar de los esfuerzos de los amigos latifundistas ninguno pudo rentabilizar las haciendas, que él también lo intentó sin un pequeño éxito siquiera. En consecuencia, que él ni su distinguido amigo el Gobernador tenían cara para reclamar al Gobierno central el envío de asignaciones extrapresupuestarias.

Para terminar la perorata, le desmenuzó que tras una década de trabajo de los alfaristas se contaba con el tren inaugurado a mediados de 1908, que con las locomotoras uniendo la Costa y la Sierra pronto se rompería el regionalismo, pero que Alfaro heredó una colosal deuda contraída para el efecto, muy difícil de pagar. Que las alcaldías, que por fin ya no eran provinciales sino cantonales, la mayoría lo consideraba un gran acierto y se facilitaría la prosperidad urbana. Casi al finalizar la disertación con alta carga política y localista, en monólogo de media hora adicional, pasó a explicarle con detenimiento que su tarea era ir adelantando en la planificación de una multiplicidad de obras de saneamiento y un grandilocuente etcétera.

—Entonces, señor Alcalde, de momento usted no hará nada con mi pedido, como lo supuse antes de venir.

—Entiéndame, Su Excelencia, el Municipio no tiene dinero ni a mano una casa que pudiera servir de refugio para los menesterosos, peor todavía, en lo legal no contamos con una partida presupuestaria para alimentarles, vestirles y cuidarles la salud. He sido informado de la existencia de una decena de infortunados que deambulan por las calles y plazas del centro urbano.

—En tal situación, le solicito muy comedidamente concederme su digna autorización para hacernos cargo del asunto por un tiempo; para tal cometido permítame insinuarle la suscripción de un acuerdo.

—Eso no será posible, me causaría graves problemas.

—Entiendo su punto, entonces resolvámoslo según la palabra de dos caballeros.

—Este arreglo se mantendrá en estricta reserva. Por cierto, ha llegado a mi oído que los distinguidos señores dueños de *El Mensajero* y *El Heraldo* abiertamente simpatizan con usted. No tengo suerte como esa.

—Despreocúpese, Su Señoría, ningún cura hará de conocimiento público esta nueva labor, es un mandato de Dios servir a los pobres en silencio y con su bendición.

Cada cuatro semanas, la Luna negra suele durar un mínimo de treinta y seis horas y como máximo tres días y medio; ocurre cuando el satélite natural se encuentra de espalda al Sol en el cielo y por esa razón es que no puede ser vista desde la Tierra, ni siquiera durante la puesta o la salida del Astro rey. En ese corto tiempo parece estar totalmente ausente ya que es ocultada por el resplandor solar, a la vez las estrellas tienen mejor brillo. Pues, en esas noches se dio por aparecer un carro negro tirado por caballos de piel oscura, pero es necesario aclarar que muy ocasionalmente lo hizo en las cercanías de las cantinas. Las viejas beatas se pasaron en vela espiando por detrás de las cortinas y fueron las encargadas de divulgar tan horripilantes acontecimientos, aseguraron que sus ojos cansados vieron al funesto carruaje por cualquier parte de la ciudad. Lo extraño era que solía parar por varios minutos precisamente enfrente de los portones de las iglesias, posiblemente porque los diablillos querían burlarse de los cristianos y desafiar a Dios. ¡Qué peligro! Y más liberales radicales ahora andaban declarándose ateos y socialistas.

□

VI. Diferencia

Todos notaron la diferencia. Muy pronto echaron una mano de pintura sobre las fachadas de las cuatro iglesias, se lijaron y barnizaron los portones, las manijas de bronce fueron pulidas y pacientemente abrillantadas, en los exteriores se multiplicaron los puestos para la venta de velas, que ahora sin el menor miedo eran multicolores, cuanto más grandes servirían mejor conforme a lo que se quisiera pedir: amor, fortuna o salud; había para el expendio estampas inmensas, medianas y estampitas, fue fácil adquirir preciosas flores en las plazoletas. Se puso tan bonito el ambiente en los parques que se contagió el comandante de la Séptima Brigada de Infantería Militar y cayó en el acierto de ordenar a la Banda Castrense que cada domingo, a las ocho de la noche, cuando terminaba la misa mayor de la semana, se diera una retreta enfrente a la puerta de la Catedral, muestra de cultura que se hizo costumbre por medio siglo. Empezaron a llegar espléndidas imágenes en yeso de los santos y vírgenes mayormente queridos, colocarlos en altares domésticos mejoraría la conexión con el cielo; además, las consideraron piezas de verdadero arte dignas de exhibir; desde Quito, cuidadosamente embaladas, llegaban por transporte multimodal.

En esa década recién se parió a la luz para la discusión única de los entendidos el tratamiento del problema de la escasez y precariedad de las carreteras nacionales; por ejemplo, a la Revolución Juliana se le atribuye quizá con algún grado de sesgo las primeras transformaciones en materia vial, simplemente porque en uno de sus pregones propuso sintonizarse ampliamente con el Panamericanismo y por tanto darle peso a la política comercial entre Estados para lo cual era imperativo incursionar con fuerza en la construcción de vías carrozables y sembrar miles de kilómetros de líneas férreas.

A principios del siglo, los lojanos salían a lomo de mula con dirección a Puerto Bolívar, donde tomaban un barco que les acercaba a Guayaquil y finalmente abordaban las locomotoras a vapor que a gran velocidad los llevaba a Quito, en realidad un máximo de cuarenta kilómetros por hora en los sectores con radios mayores a ciento veinticinco metros. La provincia tuvo que esperar una década más, cuando gobernó por vez primera Velasco Ibarra, para que se iniciaran los trabajos en el camino Loja-Cuenca, que luego se amplió hasta Cañar. Tres décadas duró la construcción de ese tramo de doscientos kilómetros antes de conectarlo con Riobamba; gracias a lo último, desde ahí los viajeros remataban su travesía con destino a la capital, ya fuese en tren o en autobús por carretera interprovincial.

En breve, un mes después de la concordada no publicación del acuerdo, que de no ser así hubiera sido exhibido a través de las dieciséis estafetas en las cuatro esquinas del parque central, las bolsas limosneras se llenaron; muchos optaron por dar un poco más de lo usual. Los donantes curuchupas tras recitar un *Ave María* o un *Padre Nuestro* pedían en silencio que sus dádivas también desterraran por fin al diablo oculto entre las proclamas liberales. En aquellos días de paz, que a lo mejor fueron de tensa harmonía, pocos o ya nadie preguntaba sobre los chuchumecos dislocados. Pero de pronto todo se revolvió, un joven seglar encargado de recoger las limosnas en las misas de la Catedral, por falta de alerta de sus superiores agradeció a varios feligreses por la generosidad de sus contribuciones y que lo hacía en nombre de los alojados en la Casa del Huaico. La novedad se regó y el Alcalde entró en preocupación.

En cierta peluquería del centro, el artesano propietario era locuaz a más no poder y siempre andaba mejor informado que nadie; muchas veces se adelantó a las primicias de *El Mensajero* y *El Heraldo*. Tan acertado y sabiondo era que conseguía sentir el pulso político local, también el nacional; desde que aprendió tamaña habilidad había logrado predecir la fecha exacta en la que caerían los últimos quince alcaldes. Esta vez no fue la excepción.

Un nuevo aspirante a burgomaestre habló con él para pedirle un consejo:

—Gentil amigo, ¿considera usted que ha llegado mi hora?, ¿qué debo hablar con el Gobernador? —le cuestionó aquel hombre de escaso pelo en la cara y casi nada en el cuero de la cabeza.

—Vaya hoy mismo, además es su buen amigo —le respondió de manera suave pero afirmativa.

La novedad relacionada con las limosnas se convirtió en sesgado y dañino rumor, la gente empezó a murmurar más de la cuenta, expresaban que los donativos de los fieles a misa —a excepción de la primera quincena de septiembre que eran muy cuantiosas gracias a la llegada de la Virgen del Cisne— se entregaban íntegramente a la Alcaldía, supuestamente para alimentar y vestir a tres o cuatro chuchumecos dislocados, de los que antes nadie dijo escuchar dato alguno, ni de donde salieron; además, decían que el Alcalde no hablaba del asunto; por tanto, que no había evidencias respecto de tal accionar, que ensimismo el entuerto no tenía buen olor. Primó la duda colectiva de que el jefe financiero municipal hubiese registrado dichos ingresos y gastos en la contabilidad de la entidad.

—Distinguido amigo, lo dicho es peculado; haré algo bueno por su merced desde el primer sillón de la ciudad, sírvase ayudarme —le dijo el calvo al peluquero.

El Gobernador, hombre de confianza y amistad con algún integrante de la Junta Cívico-Militar, de ahí su permanencia en el cargo más que por sus habilidades políticas, ni siquiera se comidió en pedir una explicación al saliente Alcalde y en su propio Despacho, por gozar de tales atribuciones de facto, le tomó el juramento de posesión al sucesor. A los cuatro costados del centro urbano empezó a reinar la desinformación, a la gente de los suburbios nuevamente no le interesó la noticia. Entre los pensantes, cada quien elucubró en todo tipo de pensamientos; en fiestas, banquetes y las comidas ordinarias esa fue la comidilla, mientras disfrutaban de la sobremesa que duraba al menos una hora bebiendo aromático café filtrado en chucho de tela, casi siempre arábigo molido.

La adinerada sociedad conservadora empezó a tener razones, por debajo y encima de otras cogniciones, para pensar y hablar mal de ciertos liberales radicales posiblemente infiltrados en el Gobierno cívico-militar, que lamentablemente eran amigos del Gobernador, sin duda gentes con dureza en el corazón. El desdichado y deshonrado Alcalde defenestrado no quiso ser recibido por los editores de *El Mensajero* y *El Heraldo*, se le cerraron todas las puertas y debió entender que a partir de ese mismo día debía poner fin a su aspiración de llegar en calidad de diputado hasta el Honorable Congreso Nacional, cuando se reinstalaran las Asambleas Electorales Provinciales.

El titular de la Iglesia católica creyó conveniente esperar hasta ser llamado por el nuevo burgomaestre, lo cual no ocurrió en la primera semana. Acto seguido, ordenó a los jóvenes seglares encargados de recoger las dádivas generosas de los fieles, que no se permitieran abrir sus bocas cuando cumplían la tarea. Pero en realidad el prelado tenía un problema entre manos: En las tres semanas que duró el acuerdo verbal con el Alcalde defenestrado ya era un centenar y medio de pobres guarecidos en la Casa del Huaico. Se agotaron los catres, los colchones, las cobijas y las sábanas que por años permanecieron sin venderse en las prósperas tiendas del centro. En consideración a que algunos chuchumecos poco dislocados medianamente ayudarían en los cultivos o en el engorde de animales las compras no serían de magnitud; en el corto plazo, para adquirir el resto de cosas un cura distinto iría al mercado cada día. No así en los primeros meses, porque las limosnas eran indispensables para iniciarlo todo, el Obispo temió que pronto no alcanzarían. Inesperadamente, más individuos se manifestaron enfrente de las iglesias, hombres y mujeres en estado de desconcierto, o al menos abstraídos por alguna dificultad en particular, quizá también holgazanes cualesquiera que quisieron aprovecharse de la situación en la esperanza de obtener un mejor nivel de vida comparada con la llevada en los barrios suburbanos.

—Sea bienvenido, Su Excelencia.

—Buenos días Señor Alcalde, hay un delicado asunto que merece parlamentarlo con Su Señoría de manera abierta.

—Con mucho gusto Señor Obispo, ¿se trata de asuntos monetarios?

—Esa materia no la omitiremos, pero la trataremos más adelante, ya que de principio debo esclarecerle varios hechos.

—He preguntado al señor jefe financiero y me ha respondido que jamás ha recibido los estipendios; Su Excelencia estará al tanto que nuestra muy respetada sociedad ha puesto de moda afirmar que así ocurre, aseguran que semanalmente usted entrega un gran donativo al Municipio.

Que lo sucedido era un malentendido pretendió explicarle el Obispo; sin embargo, no encontró oído en el Alcalde, que además era un hombre corpulento, de amplia estructura ósea y de masa muscular exuberante, hipertenso, que siempre andaba acalorado y atendía a la gente en camisa y mangas dobladas por encima de los codos, un irrespeto a los viejos cánones; casi nunca mostraba cara de paciencia. Avanzada la reunión, él hubiera preferido que su interlocutor saliera del Despacho de inmediato, abreviar el incidente; no obstante, no podía eludir la visita de tan ilustre visitante como lo es un prelado de la Iglesia católica, en una ciudad con más del noventa por ciento identificada con ella, mejor pensó en comprometerle con el envío de un detallado informe escrito en el plazo de tres días. El religioso parecía enojarse, pero debía ser cauto y cerebral, lentamente fue sacando a la luz la irrefutable verdad.

Una rara sagacidad distinguía al Alcalde, se levantó de la poltrona y empezó a caminar diez pasos adelante y luego atrás. Un pensamiento malsano le impedía discernir con claridad: Cuando se entere el Gobernador de la verdad que me ha contado el Obispo, no dudará en reemplazarme, le he mentido —era una especie de silencio locuaz, o es que el patriarca eclesiástico pudo leerle en la mente—.

Para sus fueros debía pensar en una solución drástica y definitiva a su problema; el Obispo ya estaba hablándole de que la voluntariosa gestión de la Curia Diocesana entraba al límite, de que las limosnas no alcanzaban para más recogidos; el Alcalde, mientras secaba incesantes brotes de sudor frío en la calva continuó sin escucharle, seguía planeando un recurso que le permitiera solventar el asunto principal: ¿Cómo evitar desgraciarse con el representante del Poder Ejecutivo?

—Su Excelencia, le pido comedidamente acompañarme al Despacho del Señor Gobernador —le propuso al Obispo.

—Su Señoría, no entiendo para qué me hace tamaña proposición.

Aunque ya había comprendido la intención del burgomaestre le respondió sonriendo que no tuviese miedo al *premier* provincial, bien sabido era por toda la sociedad la estrecha amistad entre los dos. Para el vicario de Cristo era demasiado tarde para apelar a cualquier razonamiento lógico, moral o ético.

—Le diremos que, en nuestra calidad de primeros magistrados del Clero y el Municipio, y ante lo penosamente sucedido con mi predecesor, hoy hemos decidido una alianza interinstitucional pública, que ésta facilitará atender magníficamente a los pobres chuchumecos dislocados y en debida forma humana.

—Me pide guardarme la verdad.

—Entienda usted, con el mayor respeto a Su Excelencia lo he dicho, esto es política y no logro pensar en otra solución; pero debo anticiparle que el acuerdo escrito estipularía la entrega de la mitad de las limosnas a las arcas municipales, con ellas compraríamos las vituallas que Su Eminencia me solicitaría por oficio, obviamente podría fiscalizar las compras, y cada consignación se haría en presencia de la prensa.

A decir verdad, el prelado no se sorprendió, antes se le cruzó por las cienes lo que finalmente oyó de boca del calvo; más temprano que tarde eso ocurriría con ese Alcalde o cualquier sucesor de él.

La idea expuesta por el gárrulo burgomaestre, ante la presencia de un Obispo que prefirió ejercer el derecho al silencio, terminó por excitar y regocijar al digno Gobernador:

—Excelente idea, quiero participar en tan loable cometido —les dijo.

Los de la prensa no encontraron la forma de tragarse el amargo suceso, quedaron desconcertados porque el habilidoso Alcalde le dio una vuelta de ciento ochenta grados a la situación. En el discurso de la naciente entrega de vituallas, hizo entender a todos que ese era un aporte municipal en favor de los refugiados de la Casa del Huaico, ni con una sola palabra mencionó a la financiación de lo comprado gracias a las limosnas transferidas a las arcas municipales. En ese mismo acto, el Gobernador anunció que, regresando a su Despacho, antes del anochecer, expediría sendas misivas a Quito, una dirigida al Gobierno central y otra al ministro de Finanzas; que en la primera se permitiría sugerir que la cartera de «Previsión social, trabajo, agricultura, beneficencia, sanidad, higiene, estadística, inmigración y colonización», recientemente creada y así denominada por la Junta Cívico-Militar, tomara el ejemplo de Loja en socorro de las restantes ciudades del país, dando una real política pública de solución al problema generalizado de la pobreza, el abandono y la mendicidad; y, en la segunda carta, solicitaría a la caja fiscal una partida extrapresupuestaria urgente, que sería eficientemente gestionada hasta cuando el hogar de acogida se insertara al Presupuesto General del Estado; no omitió garantizar un manejo limpio del dinero, al margen de toda corruptela, obviamente desde la propia Gobernación.

Aunque el máximo representante del Gobierno central habló mucho ante la prensa y amigos de sus brillantes iniciativas, durante cuatro semanas nada ocurrió. Como antes, solo el silencio llegó de la capital. El Obispo anduvo muy fastidiado por unos días y decidió terminar unilateralmente el acuerdo. Fue hasta las oficinas de los editorialistas de *El Mensajero* y *El Heraldo* para desenrollar todo el rollo. Pero ellos se quedaron callados, calcularon y no se mandaron nota periodística alguna; pensaron que el momento exigía quedarse prudentemente al margen de la situación, simplemente porque el primer personero de la ciudad estaría a puntito de caer. Una razón esgrimida fue su pésimo desempeño; otra, ser y parecer un hombre de torpeza social irremediable e imperdonable, comportamiento que pesó muchísimo más que cualquier cuestión en contra del Ejecutivo municipal. De cierto, en las mesas de los editores se amontonaron las quejas, todas hacían referencia a la manifiesta descortesía del burgomaestre cuando recibía a los ciudadanos de bien. Sin embargo, los periodistas dedujeron mal, el Gobernador se quedó quieto.

VII. Dislocados severos

Por orden del Obispo, seis monjas, tres cocineras a sueldo y cuatro curas de la Diócesis fueron los encargados de atender a los chuchumecos dislocados en la Casa del Huaico. Nadie antes mencionó la necesidad de un médico experto en dolencias severas, profesional a quien le hubiera correspondido clasificarlos, siempre que ese alguien supiera de una ciencia aún desconocida en Loja: *La psiquiatría.*

Lo sorprendente fue que, en pocas semanas transcurridas la situación imperante se tornó bastante distinta a la de un inicio según la concepción de la Curia Diocesana. El contexto cambió cuando de gente desamparada víctima de la pobreza y el alcoholismo se pasó a la internación de seres humanos que ciertamente estaban graves de la cabeza, de ambos sexos. A partir de esta instancia, en el caso consentido de que la Casa del Huaico hubiera contado con un experto en psiquiatría, a lo mejor él les habría diagnosticado en forma general como entes delirantes, y desde luego ensayaría algún método científico básico para clasificarles de conformidad con las patologías presentadas. Ya eran numerosos los extáticos severos acogidos; por consiguiente, una gran familia de desheredados del Espíritu que nunca debieron mezclarse con los otros internados. Para ellos, un adecuado hogar pudo ser algo similar al Hospital psiquiátrico Lorenzo Ponce, entidad creada por la Junta de Beneficencia de Guayaquil, de la que, por supuesto, en Loja y en el ámbito público no existía posibilidad de crear un símil. Otra opción era pedir cupos de admisión, siempre que ese hospicio los concediera; además, trasladarles costaría mucho dinero.

¿Por qué no decirlo? Los cuerdos también necesitaron una explicación científica al hecho de que tantos locos iban apareciendo, problema del que nadie dijo saber un ápice. Quizá estuvieron urgidos de recibir un necesario esclarecimiento y con un pseudo conocimiento pasar de la negación a la aceptación, a condición de auto exculparse en lo individual y en lo colectivo de cualquier contrariedad, y menos preocuparse de las causas, como, por ejemplo, el rumor de la endogamia y el incesto.

La mandíbula de Habsburgo encontrada en la dinastía de los reyes españoles y austríacos y sus esposas se atribuyó científicamente a las relaciones sexuales entre familiares muy cercanos; fue una de las más influyentes de Europa y se hizo famosa por el mencionado mal hábito que a la postre causó su caída final. Había un bisbiseo igual en Loja, hasta hablaron de los gagones y los chupasangres.

Los que reclamaron una explicación al abrupto aparecimiento de enajenados que se hizo público, fueron los mismos que se negaban a pasar por las emociones que sin quererlo suelen provocar los pobres locos: Los sentimientos ambivalentes de horror y de piedad. En respuesta a tamaña contradicción de los sentidos, a inicios del siglo ya había nacido la ciencia de la psiquiatría, que además llegó para jugar al juego de la benevolencia. Así, y de jugarse socialmente bien esta carta, los sanos son capaces de controlar cualquier cuestión que implicare un peligro social derivado de la presencia de un puñado de insanos deambulando sin control por las calles.

De lo sucedido al inicio, la única y verdadera motivación fue lidiar con la mendicidad cercana a las iglesias, y parecía que a los sanos mayoritariamente les interesó ignorar o seguir negando que la pobreza es uno de los peores flagelos de la humanidad muy a pesar del gran progreso material. Convencidos parecían estar de que en esa causa no confluyen factores legales, políticos, económicos y religiosos, cuando es todo lo contrario. A los desinteresados suele venirles bien esgrimir simplonamente que ser pobre está ligado a ser dueño de un bajo coeficiente intelectual y especialmente al alcoholismo. ¡Cómo si en los estratos de mayores ingresos no se consumiera mucho alcohol! Otros llegan muy lejos, les da por fácil asumir que hay precaria inteligencia en algunas razas; por consecuencia, que ser menesteroso no es más que un producto de la naturaleza. Conclusiones brutales son esas y según los escritos recuperados de los escritorios de los militantes de Vanguardia, este relator llegó a concluir que tan desacertadas ideas rondaron en los entendimientos de mucha gente, también en el Obispo, el Alcalde y el Gobernador; una derivación de la palmaria predominancia de los prejuicios ligada a una falta total de rigurosidad científica; además, un reflejo de la ignorancia colectivizada y un parroquiano comportamiento social que se resistía al conocimiento universal.

Mientras tanto en la Casa del Huaico entre los verdaderamente dislocados había de todo un poco, obviamente en distinto grado de psicosis, pero en común un estado mental reflejado y caracterizado por la pérdida de contacto con la realidad, desde parcial hasta total. Algunos revelaron los signos de la esquizofrenia, otros se mostraron como individuos con trastornos esquizoafectivos y los más graves evidenciaron ciertas perturbaciones delirantes. En suma, una especie de subreino de seres vivos llevando una semivida copada de alucinaciones y delirios. De cierto, jamás debería importar que de por medio hubiera causas genéticas.

Por ejemplo:

Ingresó como refugiado un hombre de mediana edad, bruto, indigno del instante y enclavado en una manía de grandeza. Decía que el origen de su familia materna no era español sino francés, sostenía furibundo ante cualquier contradictor que su abuelo sirvió en los ejércitos del mismísimo Napoleón. Adoraba vestir un desgastado traje de militar repleto de medallas de oro falso y escarapelas de tela bordadas con sus propias manos.

Había un tipo que se quedó viudo a los cuarenta años de edad. Desde antes de acogerle en la Casa del Huaico, los vecinos fueron testigos de la progresiva irritación de sus nervios, a diario taciturno; mortal ni bonito ni simpático, más bien feo como ninguno, se negaba a comer carne mientras no le permitieran cerciorarse de que fuera de venado tierno, pues se consideraba el mejor cazador de siervos y torcazas. Por cierto, se sabía a la perfección que tiempo atrás fue celestialmente normal y que de verdad se le zafó la mollera en cuanto le ordenaron cárcel a raíz de un accidente de casería en la que resultó muerto un hombre; se culpaba diariamente sin encontrar consuelo pese a rezar cinco rosarios por día y recitar una larga letanía al momento de ir a la cama sin mucho deseo.

También un viejo profesor jubilado, hombre que por su obstinación y perfidia tenía el rostro astillado por el sol; desde antes de llegar a la Casa del Huaico se le dio por dictar cátedra a dieciséis grandes piedras perfectamente enfiladas bajo la sombra de un frondoso árbol de molle.

Una refugiada muy simpática era una dama de buen talante, siempre bien vestida, que exigía ser bañada y perfumada los sábados. Bajo el amparo del sol, o aunque hubiera lluvia, gustaba de pararse en lo más alto para verter discursos de política en los que le daba por igual defender o atacar al conservadurismo, al liberalismo e inclusive al comunismo y al ateísmo. Mujer portadora de una voz nada fina; al contrario, bastante grave, aterciopelada y firme que sin necesidad de un amplificador de sonido le escuchaban hasta cien metros a la redonda. Dos horas exactas le tomaba declamar el discurso, uno que cada noche cocinaba en su memoria que parecía de un elefante.

Unos eran furiosos y en mayor número mansos, no cualquiera estaba parejo, la generalidad tenía el cuerpo disparejo, había individuos flexibles pero la mayoría mostraba rigidez al caminar por lo que se apoyaban con un palo cualquiera en reemplazo de un bastón; sobraron los dislocados intranquilos, mientras que escasearon los rebosantes de tranquilidad. Algunos se tacharon de tolerantes y otros exactamente de lo contrario; no faltaron los piadosos e impiadosos; los sinceros abundaron, los mentirosos compulsivos más todavía; se podía apreciar a tipos en los que predominaban ciertas cualidades morales tales como la sencillez, la lealtad y la magnanimidad; desde luego no fueron escasos los sagaces y los torpes, menos aún los seres rectos y los torcidos. Ahí se configuró un reflejo de la viña de Dios llamada raza humana.

Un viejo libro de registro de los ingresos a la Casa del Huaico dejó asentada una verdad: Quedó mostrada una multiplicidad de dolencias en la salud de ellos, y en lo sustancial tres cuartas partes de los hombres y un tercio de las mujeres se manifestaron víctimas del vicio del alcohol; además de consumirlo en exceso desde que adquirieron la condición de calle por ser pobres, más allá de que se empleara un denominativo incompleto para agruparles: «*Los sin techo*».

Más de cincuenta recogidos se pasaban hablando de su vejez en hogares pobres y paupérrimos, de que por años vivieron de medio comer una vez al día y de nunca recibir una medicina que aliviara sus dolores físicos, menos el hambre.

Qué gran momento para inaugurar en Loja la compasión, comportamiento social que jamás dejará de ser una metáfora de la ley. La misericordia bien implementada, fuera por parte de la Curia Diocesana, del Municipio, o por acuerdo interinstitucional entre ellos, desde el instante mismo de la improvisada habilitación de la Casa del Huaico ese lugar físico se convirtió en uno con la capacidad de contener y encargarse del problema, qué mejor a perpetuidad. Traducción: Un mecanismo alternativo para pseudo regular ciertas cuestiones sociales relativas al control público que de no ser así tendrían que ordenarse bajo instancias jurídicas.

Ahí está el meollo del asunto, las vicisitudes que este relator encontró expuestas en las crónicas no publicadas por los pensadores socialistas de Vanguardia no hicieron más que quitar la máscara a un enfrentamiento de poderes: la ley, la ciencia, la política y la beneficencia. No es descabellado decir que por los sucesos ya relatados iba ganando la caridad de la Curia Diocesana, seguida por el Municipio y el Gobierno, dejando en calidad de perdedoras a las doctrinas liberal y conservadora, sin obviar que lo científico lentamente entraba al juego. En fin, una especie de nuevo orden temporal, del que en lo jurídico y en lo administrativo no faltó quien sacara ventajas; por ejemplo, disputar el manejo de las limosnas, las ansias de ocupar el primer sillón municipal, insultar y vencer a los rivales políticos a como diere lugar, también exigir partidas extrapresupuestarias. Temporalidad sí, ya que los hechos y las cosas iban y venían, resultando en cada cambio de escenario un transitorio ganador de la partida.

Pero ahí no acabó la cosa:

Ante un juzgado penal, cierto abogado confesó haber falsificado el testamento dejado en vida por una vieja beata y solterona sin hijos, acción dolosa que favorecía a un sobrino lejano de la difunta; el alterador fue a juicio y antes de recibir la sentencia se declaró loco y fue a parar en la Casa del Huaico. La Policía le custodió y exigió recibirle en el hogar, alertando de que una negativa conduciría a la intervención judicial y a la clausura del lugar. Pronto le asignaron una improvisada habitación individual. Esa fue la primera vez que ocurrió algo así, ¿se abrió una puerta?

Sí, se abrió, además nadie pudo quitar algo igual de malo. Llegaron a varias decenas los que bien podrían ser agrupados como hombres o mujeres mostrando una condición ininteligible, pues resultó evidente que no habría el menor peligro en dejarles completamente solos, ya que ni atendidos ni desatendidos en la Casa del Huaico se quedarían hasta que la muerte les quitara el oficio de respirar. A esos refugiados pasando sin pasar solo les carcomería el paso del tiempo. Solamente uno de ellos quiso fugarse, pero vencido por el hambre regresó; el hecho se volvió memorable.

En fin, en la Casa del Huaico todos los recogidos, los unos y los otros, daban vueltas por los extensos patios y por el bosque cercano, en grupo y sin ropas se bañaban en las aguas cristalinas del río Zamora. En cuanto a los de condición ininteligible, quién sabe si buscaban el fin del mundo antes que el camino para regresar a la zona urbana. Lo sustancial para los judicializados era cumplir las sentencias en mejor situación que internados en el panóptico.

Específicamente estos en cambio, eran bastante pundonorosos respecto de la higiene personal.

La totalidad de los parientes de los chuchumecos dislocados guarecidos, de cualquier condición, siempre tuvieron la oportunidad de mirar y verificar con sus propios ojos todo el cariño y la caridad cristiana con que se les trataba, ninguna visita de familiares y amigos era impedida, peor prohibida. En el caso de los que al parecer desaparecieron voluntariamente de sus paupérrimos hogares en los barrios suburbanos —sí es que eso que habitaban antes de irse podía llamarse así o peor— un intenso miedo envolvía a esas parentelas, pues temieron que les devolvieran cargando a los recogidos.

Difícilmente se desarraigan hábitos absurdos y menos aún los malos; el Alcalde insistió en una gran ceremonia inaugural. El Obispo invitado al Despacho del burgomaestre tenía el buche estragado y se negó, luego tuvo que tolerar un trago de amarga saliva que preferiría no tragarse, finalmente no pudo oponerse más. Con inmensa pompa se dio el acto. Para conocer en detalle tan trascendental obra acudieron por expresa invitación los alcaldes de Calvas, Paltas, Zamora y Zaruma. El Gobernador, por falta de una partida presupuestaria para fiestas populares se vio impedido de montar un festejo para esa misma noche, se contentó con disponer un día de feriado en favor de toda la administración provincial. Otra vez Loja hizo presencia en la historia nacional, se contaba con la primera Casa de Beneficencia pública.

VIII. Amonestación

El peluquero anduvo muy resentido con el Alcalde. ¿Cómo no estarlo después de afeitarle a navaja y abrillantarle la calva?, una cortesía de su parte no cobrarle por el servicio en las semanas previas a asumir la Alcaldía. Más no volvió a verle, menos todavía sentirse beneficiario de alguna dádiva. Lo peor de todo, que le causó una gran herida en las tripas, fue el hecho de ser omitido en la lista de invitados a la ceremonia de inauguración de la Casa del Huaico, pues nunca le llegó la merecida esquela.

El evento se desarrolló un lunes a primera hora como parte del usual acto cívico semanal que se instituyó realizar en la calle frente al edificio municipal, para mayor referencia, de cara al parque central. El Alcalde lo hizo ahí para que la selecta sociedad concurrente estuviera cómodamente sentada; el encomioso funcionario pretendió evitar que los asistentes transitaran por el peor camino de herradura de la ciudad, un sendero que se tornaba en casi imperceptible cuando más cerca al refugio. O a lo mejor no quiso mostrarles algo que adentro había. Pasado el ostentoso banquete del mediodía, con suculentos platillos preparados: repe blanco, arvejas con guineo, seco de pollo, cecina con yuca, majado de plátano verde, pavo al horno, cuy a la paila con papas, chicha de arroz y miel con quesillo; únicamente los alcaldes invitados fueron llevados a conocer el albergue ya bastante borrachos.

El peluquero se tomó a pecho la insensata omisión, un desaire del que creyó su amigo; en respuesta no demorada, cual siervo herido no le fue difícil desacreditar la honorabilidad de su conocido. En su calidad de presidente del Gremio de Peluqueros convocó a reunión urgente; del conclave de fígaros salieron cuatro consignas; la primera, dictó que el Excelentísimo Obispo no siguiera compartiendo las limosnas con el Municipio; la segunda, consideró que habiéndose cesado a los Cabildos por orden de la Junta Cívico-Militar, en el caso de Loja ningún Alcalde se había tomado la molestia de rendir cuentas al irse, y en lo del momento mucho menos el calvo. Reclamaron que bien pudo hacerlo mientras dio lectura al elocuente discurso inaugural del hogar del Huaico; en consecuencia, y en nombre de la sociedad, se exigía al Señor Gobernador la inmediata instalación de un *Cabildo Ciudadano*, que debía llevarse a efecto en el parque de la Catedral, para que todos viesen y escuchasen los descargos del burgomaestre respecto de un cuestionario de preguntas relacionadas con el presupuesto de la Casa de Beneficencia; la tercera, descartando que se lo encontrara inocente, exigir su destitución; la cuarta, imponer que los agremiados no usaran más la navaja para afeitarle y abrillantarle la calva, so pena de expulsión del sindicato.

Con relativa sutileza por parte del Gobernador, el Alcalde fue llamado sencillamente para comentarle los pormenores de la inusual solicitud recibida de los agremiados en el rubro de la peluquería. —Que en su criterio legal era improcedente e impertinente—. Para evitar el descrédito, su amigo, el calvo, prefirió presentarle la renuncia irrevocable; el *premier* eligió guardársela unos días. Cuando salía de la cita fue abucheado por los del Gremio de Fígaros, desconocida organización que de la noche a la mañana cobraba inusitada fuerza, al punto de irse posesionando como un grupo fáctico poderoso, a lo mejor mucho más vigoroso que Unión Obrera y Obreros de Loja. El Obispo temió que una minoría de peluqueros revoltosos le quitara al Clero el control de esas organizaciones y sin invitación de por medio fue hasta el Despacho del representante provincial de la Junta Cívico-Militar.

—Distinguido y apreciado Señor Gobernador, estoy seguro de que en estos momentos críticos y con toda la agudeza de su pensar político, Su Eminencia estará analizando la situación imperante —el Obispo llegó acompañado de los secretarios ejecutivos de las dos organizaciones obreras apadrinadas por el Clero.

—Señores, sean ustedes bienvenidos. Le escucharé con atención, Su Excelencia.

—Le pido mil perdones por venir sin previa cita, estamos aquí para decirle con el mayor respeto a Su Señoría que estimamos pertinente se sirva aceptar la segunda exigencia de los peluqueros.

—¿Qué instale un *Cabildo Ciudadano*? —lo cuestionó en alta voz para clarificarles su clarividencia sobre tan burdo pedido y de las posibles consecuencias negativas de concederlo bajo presión.

—En lo que respecta a la Sacrosanta Iglesia, mi intervención no tomaría más de cinco minutos, les hablaría a los indignados estrictamente sobre lo que nos compete, les garantizaría que la Curia Diocesana seguiría usando las limosnas en beneficio de los pobres y enfermos, así para nosotros todo quedaría esclarecido. Los señores que hoy me acompañan no necesitarían intervenir.

—Usted lo dijo, Su Excelencia, el momento es crítico, es muy peligroso instalar un Cabildo abierto a la participación de cualquier improvisado ciudadano, por más indignado que se sienta, y equivalente a reconocer que los miembros de la Honorable Junta de Gobierno han impuesto el facto en el quehacer municipal. Para tranquilidad de los señores que hoy se han dignado acompañarle, les ratifico que evitaré todo intento del Gremio de Peluqueros por hacerse fuerte, soy consciente de sus acciones sindicales y participativas, además la sociedad aprecia el inapelable patrocinio diocesano.

Desde la vigencia de la Constitución de 1884, los municipios integrados con concejeros designados mediante Asambleas Electorales automáticamente adquirían amplias facultades para organizar en el ámbito provincial todo lo concerniente a la educación e instrucción de los habitantes; manejar la Policía; ejecutar mejoras materiales; crear, recaudar, invertir las rentas; fomentar los establecimientos públicos y lo que fuera inseparable objeto de su incumbencia. Inmediatamente instalado el liberalismo se revistieron de un poder creciente. Entre tanto, en abril de 1897, por Resolución de la Asamblea Nacional, la provincia quedó conformada por tres cantones: Loja, Paltas y Calvas. La Carta Magna liberal de 1906 precisó con mayor claridad las funciones específicas relativas a la localidad, con suficiente autonomía apenas controlada por el Ejecutivo para así garantizar el equilibrio de los poderes nacionales. La Ley de Municipalidades de ese tiempo les permitió ingerir directamente en toda materia política y judicial; los Concejos se encargaron de nombrar alcaldes, jueces parroquiales llamados de primera instancia, tenientes políticos, alguaciles mayores y defensores generales. En la siguiente Ley de Régimen Municipal, dictada en 1912, se determinó que se circunscribieran a lo estrictamente cantonal en aplicación del precepto constitucional de que cada cantón constituye un municipio. Esto nunca más cambió.

Llegada la Revolución Juliana, los integrantes del Primer Gobierno Transitorio inmediatamente sacaron de los cargos públicos a muchos oficiales del Ejército en los que los gobiernos liberales les habían instalado; luego, reflexionaron en la necesidad de ser especialmente cautos con los Concejos cantonales, ya que estos podrían ser focos de insurrección civil y debían ser interrumpidos, tal como lo hizo el Libertador Simón Bolívar por un miedo similar, cuando suspendió los municipios heredados de la Colonia, pues temió que se pusieran en contra de la construcción de su sueño: La Gran Colombia. Además de disponer el cese inmediato de los Cabildos, la Junta Cívico-Militar dejó en los Gobernadores la facultad de nombrar a los alcaldes y al resto de autoridades de cada provincia.

Los liberales habían dicho antes que cuando gobernaron sus oponentes las mencionadas Asambleas fueron manipuladas al momento de coronar el colegio electoral; los conservadores acusaron de lo mismo a sus contrarios. Lo cierto es que la gente común sabía que sean los gobiernos de los unos o de los otros, solo ciudadanos de lo más recalcitrante de la sociedad, con fuerte olor a antigüedad, es decir los que eran propietarios de grandes casonas en el núcleo fundacional urbano se nombraban, primero como electores y una vez reunidos exclusivamente de su seno salían los concejeros, en general todas las autoridades provinciales; asimismo, sabían que ningún hombre extraído del pueblo residente de los suburbios podría ser considerado ni siquiera en calidad de elector, menos todavía aspirar a ser nombrado concejero, amén de ansiar un cargo asalariado de autoridad. Con el paso del tiempo los gremios y sociedades de trabajadores lograron ganar estos espacios gracias al concepto pseudo democrático cómplice: Los delegados funcionales.

Cruzando el parque de la Catedral, exactamente enfrente quedaba la Casa de la Gobernación Provincial, un edificio levantado en dos pisos que era soportado por gruesos tapiales y columnas de madera que daban al filo de la acera para sustentar su portal, igual a esa eran las casonas que circundaban la plaza. Tenía dos patios repletos de plantas ornamentales, senderos de piedra y una pileta de agua en el centro, abajo disponía de salones con puertas a la calle que de ordinario se arrendaban a comerciantes donde se vendían chucherías y alimentos de primera necesidad, ahí funcionó la única botica. En el piso superior se contaban una decena de oficinas gigantes, en todas ellas deslucía un vetusto mobiliario que ni liberales ni los de la Junta Cívico-Militar autorizaron renovar, pues era un deber moral mostrar cuanta austeridad fuese posible.

Llegado el momento de la verdad, en sesión instalada con el carácter de permanente presidida por el Gobernador y con la asistencia de las autoridades designadas por él mismo, a saber, dos jueces de primera instancia, el teniente político, el alguacil mayor y dos defensores generales, tras larga discusión concluyeron por voto dividido, que no había más remedio que permitir la instalación de un *Cabildo Ciudadano*. Este fue el primero de la historia republicana, otra vez Loja escribió una página de gloria.

En uno de los grandes salones siempre desocupados bien pudo desarrollarse la cita, pero los peluqueros insistieron que debía cumplirse al aire libre, en la plaza central. Colocaron una mesa de madera de tres metros de largo por dos de ancho, la cubrieron con dos banderas, una del Ecuador y otra de la ciudad, instalaron cinco sillas a su alrededor, un atril y una banca para el acusado, quien nunca llegó. El rumor se confirmó, la Alcaldía estaba acéfala.

—¡Viva el Gremio de Peluqueros y nuestro presidente! ¡Abajo el calvo! —gritaron ellos—. De cierto se sintieron los verdaderos convocantes.

Los fotógrafos de la plaza alinearon perfectamente las cámaras de manga y llenaron los bolsillos del típico chaleco de artista con bastante papel de magnesio, los limpiabotas pusieron a buen recaudo dentro de las cajas de madera, la tinta, los cepillos y los trapos de abrillantar, un impulso les llevó a limpiarse la mugre de los orificios de las orejas y los mocos; las centenas de hombres desempleados que solían tomarse las cuatro esquinas del parque a inicios de cada semana aquel día tuvieron circo.

Los secretarios ejecutivos de Unión Obrera y Obreros de Loja se mostraron nerviosos, trémulos y mudos. Los cronistas de *El Mensajero* y *El Heraldo* no pudieron creer todo lo que pasó, pero no se movieron del lugar hasta que llegó el final. En algún momento ocho horas no parecieron suficientes.

—¿Jura ante Dios y la Patria que no traicionará la confianza depositada en usted?

—Sí, juro —le respondió al Gobernador quien hasta un momento antes se desempeñaba como presidente del Gremio de fígaros.

—Está usted legalmente designado para el cargo de Alcalde del cantón.

IX. Sagacidad

Por una semana el Obispo anduvo meditabundo, malgeniado y absorto, convencido de que el albergue continuaría funcionando como Casa de Beneficencia pública sin restricción de ingreso. Se preguntó una y otra vez: ¿Debo restituir la entrega de limosnas al Municipio?, ¿qué andará pensando el peluquero?

No fue necesario que pasaran muchos días, pronto fue invitado a la Alcaldía para revisar y renovar el acuerdo interinstitucional, asunto que en la agenda del novel burgomaestre tenía primera prioridad; mientras tanto, los alojados en la Casa del Huaico, por ventura seguían comiendo y pernoctando como si nada pasara.

Además de sagaz, el nuevo Alcalde tenía que ser astuto. Lo pensó mucho. Su raciocinio le llevó a discurrir que desde Quito el titular de la cartera pertinente jamás respondería la misiva del Gobernador inherente a la recomendación de instrumentar una política pública sobre beneficencia, siguiendo el modelo parido en la Casa del Huaico. También consideró que en aplicación de los decretos ejecutivos dictados por Eloy Alfaro en favor del Ejército Nacional, la Curia Diocesana seguía cargando a cuestas con la obligación de dejarse quitar varios latifundios de su propiedad, cuestión que permanecía sin ejecución por posibles dos razones: La primera, que el Escuadrón de Caballería No. 3 «Cazadores de Los Ríos» no contaba con soldados de la rama, aunque en la ciudad capital, en la Escuela de Clases, meses atrás ya había arrancado el curso formativo; y, la segunda, que el jefe de la Séptima Brigada de Infantería Militar, a lo mejor por mero descuido no dispuso la ocupación y vigilancia de ninguna hacienda en la mira.

Entonces el burgomaestre se apuró en la elucubración de un estructurado plan. Tras una noche de insomnio concluyó para sus fueros, que el Municipio debía asumir a su cargo y exclusividad la tarea benéfica, que era preciso tomar el control integral de la Casa del Huaico y nunca más recibir dádivas de la Curia Diocesana. Así los militares no intentarían quedarse con el latifundio, peor impedir que el preciado bien inmueble pasare a propiedad municipal.

—Lo expropiaremos de inmediato. Estoy seguro de que el Gobernador me apoyará; en brevísimo tiempo lo partiremos en dos, una fracción para la Casa de Beneficencia y a la otra la venderemos en pequeños lotes. Esta iniciativa dejará muchos recursos en favor de la gestión municipal —le dijo al abogado-secretario con la orden de que escribiera un comunicado público.

La cesación de los cabildos dejó a salvo la facultad de proponer ordenanzas aun siendo alcaldes de facto y encargados, a condición de que estas fueran sancionadas por el Gobernador provincial. Entonces al fígaro solo le fue necesario concebir y defender un proyecto normativo de su parición, pero debía hacerlo de forma elocuente, habilidad poco desconocida en ese hombre. Le informó al *premier* de la provincia que la norma contemplaría la aplicación de un impuesto destinado a subsidiar el alojamiento y manutención de los chuchumecos dislocados. Obviamente, en el texto del mandato esos hombres y mujeres, los infortunados, serían definidos como: «Los sin techo albergados en la Casa de Beneficencia del Huaico». Complacido quedó el funcionario con la retórica y acto seguido resolvió aprobar la ordenanza sin omitir urgirle de manera verbal, reservada y secreta, que ese mismo día se dignara promulgar una Resolución municipal para iniciar el proceso de expropiación.

Ahora veamos, quizá hubiera sido bastante difícil determinar sobre qué y quién recaería un nuevo impuesto para financiar tamaña acción benéfica. Propicio fue considerar que los gobiernos liberales burgueses habían dictado varios y por esa causa continuaba un ambiente de malestar en todas las urbes del territorio nacional. También la Junta Cívico-Militar se empeñaría en cobrar los aumentos que recientemente había decretado respecto del viejo y ridículo régimen impositivo a las herencias; sin embargo, no fue dificultoso para el Alcalde pensar en una larga exposición de motivaciones para proponer el cuerpo normativo. En nutridos párrafos magníficamente escritos por el abogado-secretario municipal, claros y precisos, apeló al inicio de lo vivido, ponderó que las cosas empezaron con la confusión en torno a los diablillos llevándose a los chuchumecos, asunto que debía quedar cualificado institucionalmente tal cual una irritante falsedad, mencionó tener indicios de que aquellos señores que se auto identificaron como afiliados al Partido Liberal y se trasnocharon la cuarta vez, no tuvieron empacho en mentir descaradamente —que se trató de una barrabasada, un antojo que dañosamente ratificó tres primigenios e inexistentes avistamientos del carro del diablo—. Que el relato montado fue una patraña con harto olor a estrategia político-partidista, que los susodichos además hicieron algo terrible y descarado, pues haciendo mofa y durante varias semanas acometieron la farsa de asistir a misa; finalmente, en el aspecto moral aludió que eso era un cuento sin sentido, enfatizó que era un supino e insensato intento de irse en contra de la inteligencia de los buenos y cultos ciudadanos. En suma, la parte de los considerandos de la ordenanza bien podría calificarse de cuasi tratado de ciencia y política, y muy pronto habría de convertirse en una maravillosa revelación de que en la ciudad de Loja ya nunca caería una lluvia de vichauches muertos, que jamás apareció ni aparecerá el carruaje del diablo.

Conseguida la rúbrica del Gobernador la ordenanza entró en vigencia y se colgó en las grandes estafetas ubicadas en las cuatro esquinas del cuadrante llamado parque de la Catedral; un total de dieciséis carteles. Obviamente, también lo pusieron en la puerta de entrada a la oficina de recaudaciones de la casona municipal. En la parte fundamental, la nueva normativa estableció que las seis floristerías de la ciudad y las que siguieran abriéndose, pagarían un sucre por una corona fúnebre elaborada con papel que vendieran, y otra tasa igual por un ramo de flores de terciopelo; a la par, mediante un formulario, los familiares solventarían medio sucre por cada hora de velorio, tiempo que los parientes del muerto estaban en la obligación de declarar. Nada dificultoso de aplicar ya que, por usar los espacios del cementerio, el comisario de higiene era el único responsable de venderlos a perpetuidad a los adinerados o alquilarlos por hasta veinte años a la gente de clase media y a los pobres; asimismo, con la sola firma del funcionario se concretaba el día y la hora del entierro. El jefe financiero no fue capaz de cerrar los cálculos aritméticos de cuanto rendirían esos tributos, ni siquiera en el primer mes.

El Alcalde rebosante de optimismo llegó más lejos, declaró a los periodistas que siempre fue su intención, un objetivo logrado —dijo— insertar en la ordenanza una cláusula que, a manera de contraparte, obligaba al Municipio a seguir construyendo en los terrenos de la hacienda El Huaico adicionales instalaciones de acogida. Habló de dejar de lado la rusticidad de las construcciones, que las nuevas edificaciones serían dignas, hechas con tapiales de por lo menos cinco metros de altura, cubiertas con la mejor teja de barro cocido, que los pisos llevarían ladrillo de gres de tono marrón claro, que se prescindiría de portales ya que habría muchos patios revestidos de flores, que adornos y piletas de agua no faltarían, que los edificios en general no irían conformando cuadros porque se vería feo y se mal aprovecharía el gran espacio disponible, que estarían enfilados y debidamente separados entre sí, además que tendrían decenas de ventanas sin rejas por los cuatro costados. Antes de finalizar subrayó que muy pronto se contrataría los servicios de un médico.

En las arcas municipales se multiplicaron las recaudaciones, ni los más avaros chistaron, dijeron pagar de buen agrado esos tributos, no así las pesadas cargas implementadas por los liberales y la Junta de Gobierno a favor del fisco de la Nación; a esta última precisamente empezaron a exigirle en los periódicos que derogase el aumento al impuesto sobre las herencias y ordenase la inmediata condonación de los créditos tomados del Estado con el cuento de lanzarse a la agricultura de gran escala; este segundo pedido después de un mes resultó en su beneficio. Dicho esto, muy pronto las poquísimas empleadas del servicio doméstico que sorteando grandes dificultades en su salud llegaban a la tercera edad fueron llevadas a la Casa del Huaico.

Otro asunto de igual tenor y trascendencia: Por prolongado tiempo se supo de la compleja vida de un muchacho nada rústico de fisonomía y cuerpo, más bien todo lo contrario, que nació y creció como cualquier niño normal de un hogar pudiente, para entonces se le notaba mínimamente la mandíbula de Habsburgo. Fue harto flemático en la adolescencia y capaz de discursear de forma académica, de cantar de memoria cientos de pasillos de la época; le dio por leer sin descanso, inclusive leyó el *Manifiesto comunista* de Marx. En la mala hora le comenzó la depresión y de a poco le arrebató la locura. ¡De no creerlo! —dijeron muchos—. ¿Cómo es posible que alguien de buena cuna se disloque? Esperemos que el Señor Obispo nos brinde una explicación divina de semejante fenómeno o de la maldad del diablo que a lo mejor viene escondida en esos libros comunistas; o será puramente científico —mencionó una minoría—. Ya adulto fue a parar en la Casa del Huaico y no fue el único con ese tipo de padecimientos, pues de ciertas casas del centro urbano, que siempre fueron considerados relucientes e impolutos hogares absolutamente cristianos, resultó que en la oscura sombra habían guardado secretamente a algunos enfermos, suyos de sangre. De pronto se les vio en la calle y se dijo que la mayoría de ellos exponía una gran protuberancia mandibular. Sobresalieron el Mudo Gua-Guá; también la loca María; la Mantequilla; el Calandraco; el suco pelotudo nombrado así por su miembro viril, asemejado al de Fernando VII que marcó la historia de España, que amenazaba con sacar por la cremallera de sus pantalones si de él hicieran burla; el loco Matute, fanático de ir leyendo a viva voz los periódicos locales, de cabo a rabo y a diario, mientras caminaba sin destino. De hecho, los casos similares a los descritos se agruparon con el denominativo de: «Los desenchufados», y en número pasaron de las dos docenas.

Tal desvelamiento parecía no parar, *ipso facto* todos ellos fueron recogidos de sus casas; en la tarea utilizaron un flamante carruaje, que nadie pudo afirmar si era de color negro o café profundo, arrastrado por caballos de cualquier tonalidad, y a plena luz del día; en cuestión de semanas muchísimos desvalidos más ingresaron a la Casa del Huaico.

¡Desde el inicio de todo y en corto tiempo, en total llegaron a contarse entre hombres y mujeres casi quinientos albergados!

Un recién graduado médico, hijo de una familia con muchas haciendas, fue retornado con relativa fuerza por la promesa de casarse con una lojana, ofrecimiento que hizo en sociedad cuando partió a cursar sus estudios en Quito; pronto encontró sin quererlo varias razones para quedarse. Se ofreció para estudiar únicamente a los internos del Huaico que causaban peculiares problemas, en referencia a los cincuenta y tantos chuchumecos severamente dislocados y a los desenchufados que ascendían a veinte y siete. Todos mostraban múltiples signos de trastorno mental, que por cierto bien pudieron ser diagnosticados por cualquier lelo en medicina psiquiátrica antes que ponerlos en el mismo montón. A estudiarlos de forma prolija y profunda se comprometió ante sí, más no por obligación laboral, después de ello clasificarles de conformidad al grado de desviación que pudiera notar; además, asumió el compromiso de enviar sus expedientes al Hospital psiquiátrico Lorenzo Ponce, en la convicción de que según la dolencia le llegaría de vuelta un tratamiento recomendado. Ojalá los directivos de esa Casa de Salud con cobertura nacional por mandato constitutivo de la Junta de Beneficencia de Guayaquil, se apenaran y remitieran a Loja una buena dotación de algún medicamento milagroso para cada situación. Esa acción colaborativa evitaría el inminente traslado de pacientes al mencionado hospicio.

Todo parece indicar que el joven médico era un visionario, pensó que lo mejor para la humanidad sería que en un futuro cercano dos o tres fármacos psicotrópicos pudieran prescribirse para uso universal, pronto inventaron la clorpromazina y el LCD. Además, no escatimó su tiempo, desde el primer día en cada tarea denotó celo profesional, fue sagaz y paciente; se vistió de moderación y discreción hasta desarrollar una peculiar habilidad y un finísimo tino para llegar a buen puerto con tan delicada y compleja experiencia asumida por mero placer entre sus manos. Rápido se habló en sociedad de que el científico aspiraba concluir su trabajo con una ponencia, muchos anduvieron ávidos y ansiosos de escucharla.

En este punto, los no cronistas —que el relator ya dijo eran militantes socialistas del movimiento Vanguardia— fueron muy imprecisos, sus escritos lo llevaron a cierta confusión. Lo explicaré. Es posible que al galeno le rondara la idea de dividir la Casa del Huaico en dos, tres o más espacios físicos, que mejor si se construyeran nuevas edificaciones como prometía el Alcalde, infraestructura que facilitaría fraccionar a los locos por patologías y gravedad; de otra parte y por supuesto, daba por descontado que lo sucedido con el abogado falsificador daría lugar al aumento de internos judiciales, a los que agrupó con el denominativo de: «Los refugiados morales»; aquel grupo ya se había convertido en una categoría que excedía a los demás en necesidades de área física, pues se obligaron a procurarles dormitorios harto cómodos y una alimentación acorde, todo a cambio de una pensión mensual que se entendía recibida en las arcas municipales. Esta premonición nunca estuvo alejada de la realidad.

El problema para el relator radica en que otros adscritos a Vanguardia dejaron luces sobre una posibilidad distinta, de que el joven médico anduviera interesado en montar el primer hospital psiquiátrico privado del Sur del país. En caso de que esto hubiera sucedido, hoy se hablaría de un hito histórico y de otro orgullo lojano.

Al interior de las casas, a la hora de comer, de los acostumbrados refrigerios de media mañana y del imperdible café de la tarde con roscones, mazapanes y queso, también por doquier, esta vez incluidos los suburbios, entre las vivanderas del mercado, los carreteros y especialmente en grupos de empleados y trabajadores municipales, se empezó a murmurar sobre los desvíos en los que iba cayendo la Casa del Huaico. Naturalmente, hubo otras residencias donde las familias y amigos de los refugiados morales jamás protestarían contra los ofrecimientos y compromisos del Alcalde para con ellos; para su conveniencia las murmuraciones debían parar.

—Iremos hasta la casona municipal, exigiremos que tan dañino chismerío pare de una buena vez. En lo principal el Alcalde debe cumplirnos, ¿acaso es gratis? —dijo el padre del abogado que falsificó el testamento.

Lo cierto es que por su juramento hipocrático necesitaba poner a prueba lo que en el plano real estaba sucediendo, o en su defecto al menos mencionar el malgasto que significa pretender una técnica terapéutica para enfermos que no tienen dolencias de la mente, se propuso con ellos ser activo y sagaz a fin de descubrirles como sanos; en relación con los otros en cambio se empeñó con diligencia y penetración hasta dar con la idónea forma de intentar tratarles con medicinas y brebajes. En este punto, los no cronistas de Vanguardia están de acuerdo, además de que el Obispo llegó a notar sorprendentes avances y le satisfizo decir en el púlpito que el joven médico provocaba su viva admiración.

El que hasta entonces fue el primer y único boticario de Loja pronto se convirtió en el mejor aliado del galeno. Desempolvó viejos libros de alquimia y sin demora sobre la base de multiplicidad de hierbas machacadas, quinina, sales de potasio, mercurio, fósforo, azufre, y el llamado cornezuelo que es un hongo que crece en varios granos; en fin, sustancias magistralmente envueltas entre ciertos fármacos genéricos básicos traídos de Quito y Guayaquil fue apareciendo la medicación dual, es decir enfrentadas. Así, por ejemplo, al chuchumeco dislocado intranquilo le daban una medicina opuesta al que era rebosante de tranquilidad; para los exageradamente sinceros y amantes de la verdad, había una pócima contraria a la preparada para los mentirosos compulsivos; para los pacientes sencillos, leales y enfermos de magnanimidad también crearon una fórmula que provocaba un sentimiento opuesto a la que debió ser pensada para los que se mostraban al extremo sagaces y se preciaban de ser hombres sobresalientemente rectos en la viña de Dios. Lo realmente difícil para el joven médico fue la asimetría de las dosis en consideración al estado de la patología, la edad del sujeto, el temperamento, y quizá lo sustancial, en mérito a la posición social del paciente.

X. Lluvias

Las fuertes lluvias de invierno pasaron cediendo el trono, como todos los años, al reino de las interminables y molestosas lloviznas que se aprecian más contundentes de lo que realmente son, todo por culpa de los vientos cruzados que bajan del cerro El Villonaco. Pero no lejos estaba de empezar el verano, siempre presente en el último trimestre, así llegó la Navidad.

—La Casa del Huaico ya no pertenece al Reino de los Cielos, sino a un perverso mundillo gobernado por un peluquero —le dijo el vicario de Cristo al ecónomo de la Curia Diocesana— y agregó: Ahora es una fucnte de lucro, el Alcalde cobra a las familias adineradas por cuidar de sus enfermos, también por recibir a las sirvientes obsoletas cuando les llega la vejez, el albergue queda comprometido a pagar el funeral. Amén de los refugiados morales. Está a punto de ser un Reinado del mal —enfatizó coléricamente—.

—Es hora de que alguien haga algo —le respondió el ecónomo.

—La Curia Diocesana está cayendo en la alcahuetería, de calificarse como acción dolosa nos veremos involucrados penalmente.

—La situación reviste gravedad, le toca actuar Su Señoría.

El encargado de las finanzas de la congregación diocesana provincial era un joven sacerdote que recibió las órdenes menores pocos meses atrás, venía de la mismísima Roma luego de terminar una gran formación apostólica y cristiana; en consecuencia, bien apoderado de ella y en lo profundo de su corazón no podía llevar dos convicciones en su alma sino solamente la certeza de que hay un solo Reino, el del cielo, que no hay lugar en el Universo para nada más que ese. Estimó que, a lo mejor, los pensamientos y la rabieta del Señor Obispo respondían a un pasaje de arrebato causado por la visita que minutos antes le hizo el abogado-secretario municipal para entregarle personalmente la primera notificación legal relacionada con el inicio del juicio de expropiación de la hacienda El Huaico, por orden del burgomaestre.

Otro era el cantar en la Alcaldía:

—Sin ser cura vengo haciendo un mejor trabajo que la Curia; he podido enterarme de que la gente habla mucho sobre mi acertado accionar respecto de la Casa del Huaico. Con modestia aparte les digo que me complace la calificación de servicio encomiable que le dan a mi sacrificio —les dijo el Alcalde a los jefes municipales antes de recibir nutridos aplausos.

Él además venía prometiendo un reinado para la urbe, no dejó de pensar en los ingresos presupuestarios cuando comenzara la venta efectiva de lotes de terreno. Ordenó al jefe de planificación que le propusiera un esquema de lotización del Huaico y al financiero que levantara un cálculo matemático del imperioso negocio inmobiliario. Seguía gozando de la benevolencia del Gobernador, al menos eso pensaba él. Así como es dogma de fe que manda a creer que perfecto es el Reino de los Cielos, el burgomaestre pidió al pueblo no recelar en una inminente transformación urbana, que por fin la ciudad sería la más bella del mundo.

Una vez sorteados mínimos problemas administrativos, el médico concluyó con la clasificación de los cincuenta y tantos chuchumecos severamente dislocados más los veintisiete desenchufados. Confirmó que mostraban los síntomas de locura expresa y que sin la menor duda científica lo mejor sería derivarles a Guayaquil para que ocuparan una cama en el único Reino de los locos acreditado en el territorio nacional, el Hospital Lorenzo Ponce.

El Hogar del Huaico fue concebido para acoger exclusivamente a los chuchumecos dislocados que afeaban los portones de las cuatro iglesias del centro urbano, jamás pensó el Obispo en la posibilidad de que sucediera lo que estaba sucediendo. Aparte de los menesterosos y borrachitos, un número mayor a cien ancianas fueron dejadas al olvido, más de tres docenas de refugiados morales, cincuenta y tantos locos severos y veintisiete desenchufados. La situación trocó en gran preocupación para él. Ciertamente, ingresar a todos esos seres humanos al seno del refugio superó con creces lo que la Curia Diocesana quiso sea un simple acto filantrópico, que esperó sea valuado en los mismos términos por la sociedad; además, un manejo de la casa de acogimiento bastante afectado e interferido por una insensata y deshonesta injerencia del Alcalde, a lo mejor de la municipalidad misma.

De otra parte, por discurso errático del burgomaestre, con el simple anuncio de contratar un médico, esos actos filantrópicos empezaron a tornarse en uno de filantropía psiquiátrica. El primer paso fue dado desde el momento mismo de optar por clasificarles sin mencionar siquiera la necesidad de un adecuado control jurídico. En síntesis, aplicar cualquier medicina para rehabilitar o al menos mejorar las mentes de los chuchumecos severamente dislocados y los desenchufados se estaba convirtiendo en una cuestión y en quehaceres imponentemente revestidos de humanismo filantrópico, mucho más allá de una bendición diocesana; sin embargo, nunca pasarían de ser un conjunto de acciones en auxilio de lo jurisdiccional, esto en el sentido de que en inexistencia de un componente judicial, o porque el sistema penal colisiona contra la pared de la verdad, dicha ciencia se toma como una salida; obviamente, Loja no sería la primera ni la única ciudad del mundo en hacerlo.

Entonces, el proyecto del joven médico además de no ser psiquiatra, solo fue un buen gesto, desinteresado, compasivo y piadoso. Con apenas mencionar su objetivo de trasladar los locos al hospicio guayaquileño, aunque no lo supiera o no quisiera saberlo, permitiría controlar la locura por primera vez contenida en un mismo lugar, la Casa del Huaico, y de facto pasar el problema a Guayaquil. De concretarse su plan, cual, si fuese el mejor bombero social, apagaría un foco de inminente y peligroso desorden.

¡Oh sorpresa!

Entregado que le fue al peluquero, éste tomó el informe con su mano izquierda y lo pasó al abogado-secretario. Para el médico no quedó duda respecto de la grosería implícita, además un áspero desprecio para la ciencia. Acto seguido, sin congoja ni cortesía le dijo al galeno en alta voz que ya no era necesario su trabajo en la Casa del Huaico, que había perdido el tiempo, que no se molestare en regresar.

—Esa gente es nuestra, no se irán de aquí y no pediré caridad a nadie. Tome nota señor secretario, le dispongo que hoy mismo prepare un comunicado público.

Agraviados quedaron los miembros de la familia del joven y entusiasta galeno, pues lo acaecido inapelablemente era un ultraje de gravedad letal, cuestión que no demoró en crearles un resentimiento. Se sumaron a tal animosidad varias familias y sin demora pusieron en oídos del Gobernador tan oprobiosa desconsideración; pero, desairados y desilusionados salieron del Despacho del representante del Poder Ejecutivo, asunto empeorado cuando con tono conciliador les dijo que en su criterio todo respondía a un malentendido del médico, y por supuesto que contasen con su restitución al cargo. Pasaron tres días y el ofrecimiento no ocurrió, acto seguido los lastimados del ego le solicitaron un segundo conclave extra oficial, esta vez le llamaron *Cabildo de Ciudadanos Notables*. La primera autoridad provincial no tuvo más recurso que ceder y se instaló al siguiente día.

Esta vez sí ocuparon uno de los salones de la Casa de Gobierno, pero el público asistente fue otro, muy distinto del anterior. Para asistir, cada cabeza de familia debía inscribirse previamente, debiendo acortejarse obligatoriamente de tres adultos que cabrían en una misma mesa; en su centro pusieron un bello arreglo floral. No faltaron los bocaditos y bocadillos de panela con maní, quesadillas, roscones, bollos de sema, queso de Salapa y café filtrado traído de Malacatos. Un grupo de cámara tocó música suave antes de instalar el conclave, que de cierta manera se pareció en muchísimo al momento inaugural de las memorables Asambleas Electorales Provinciales, por supuesto hablando de los tiempos con gobiernos conservadores. En otrora tiempo, cuando discutían los acuerdos políticos usaban el lema: «Nada está negociado mientras todo no lo esté».

De los que fueron al ya olvidado primer encuentro participativo, esta vez solo asistieron los fotógrafos del parque con sus cámaras de manga. Se unieron a la cita los dueños de *El Mensajero* y *El Heraldo*, que por cierto eran también sus editorialistas vitalicios. Las dos mesas especiales para el trabajo de la prensa sencillamente se embrollaron con las otras, tal como en la última década y media se difuminaron los preceptos políticos de liberales burgueses y conservadores cuando les era requerido defender a ultranza el viejo sistema de la hacienda, para que nunca hubiera campesinos propietarios, sino arrimados, y que las hijas de estos congéneres siguieran de sirvientes en sus domicilios. El Obispo prefirió no asistir a pesar de que le repitieron la insinuación de que las aguas volverían al cauce, refiriéndose a la invalidación del proceso de expropiación.

Un dilema, agradecidos por la acogida a sus enfermos y las que fueron sus sirvientes dijeron estar los asistentes al *Cabildo de Ciudadanos Notables*, por supuesto, dieron por hecho que esa cuestión era irreversible y lo postularon sin rubor apenas iniciada la jornada. Enseguida, en elocuente discurso un hombre del que decían era el más letrado del sur del país certificó que la estupidez del Alcalde afectó la psiquis del joven médico, que ese accionar además de pernicioso era imperdonable y un clarísimo ejemplo del estado de terror impuesto por el expeluquero.

—En nuestra hermosa ciudad ya nadie trabaja de fígaro —exclamó en alta voz un señor de edad avanzada, sin siquiera levantarse de la silla.

Otro caballero, que era propietario de una voz sedante para la conversación y que siempre fue considerado un preclaro jurisconsulto, alzó el dedo índice de su mano derecha —costumbre que traía desde niño pasando la escuela— para pedir la palabra educadamente al Gobernador que presidía la sesión; cuando le fue dada, inició por agradecer al viejo que le precedió en su uso, luego en tono circunspecto empezó a discursear, pero antes muy lentamente pidió que cuanto tenía previsto decir no se tomara a burla. Entonces, como si fuese momento para una declamación poética, explicó a los asistentes así:

—Señores míos, es incontrovertible que en la Antigüedad grandes guerreros y héroes de la historia se caracterizaron por usar una larga cabellera. Es irrefutable que en diversas civilizaciones y movimientos culturales llevarla alargada y frondosa fue asimilado cuál símbolo de fuerza, virilidad, sabiduría y estatus social; no obstante, remitiéndome a lo ya dicho por el querido anciano, ninguno de los presentes concebirá y aceptará con inocua validez que en nuestra urbe se pueda vivir tal cual se vivió en tiempos antiguos, es indiscutible que aquí todos andamos barbudos y peludos en gracia a que los del Gremio de Peluqueros ahora se desempeñan en los más altos cargos del Municipio. ¡Esta es la gota que ha derramado el vaso!

Minutos después:

—¿Jura ante Dios y la Patria que no traicionará la confianza depositada en usted?

—Sí, juro —respondió el jurisconsulto al Gobernador.

—Está usted legalmente designado para el cargo de Alcalde del cantón.

Pero lo malo de gobernar desde la perspectiva del antojo, como lo practicaron los sabelotodo predecesores, simplemente no podía seguir, un accionar similar sería una deshonra para un experto en el uso de la ley. Acto seguido, el recién posicionado Alcalde, a manera de chantaje encajó no presentar la inmediata renuncia a condición de que el *Cabildo de Ciudadanos Notables*, aún reunido, designara un *Cabildo Ad honorem*; además, se permitió sugerir que lo integren cinco vecinos con rango de honorables concejeros, en realidad de entre los inscritos al conclave.

Minutos después, no fueron cinco sino siete, por la necesidad de dar un sillón al delegado de Unión Obrera y otro para el de Obreros de Loja. Otra página de gloria para la ciudad, instalaron el primer *Cabildo Ad honorem y ampliado* en tiempos no democráticos.

Los expectantes vecinos abrieron balcones y ventanas para vitorear al nuevo burgomaestre y la inminente recuperación de la institucionalidad. Tamaña hazaña constituyó eso de conformar un Concejo de esas características, *Ad honorem* y ampliado —que de rematadamente plural también lo calificaron—. Exclamaron los felices ciudadanos que empezaban a confiar en el anhelado reinicio de la vida misma, en la reactivación del comercio, que se barrerían las calles, que nunca más serían vistos los mendigos deambulando por ahí. Las viejas beatas fueron en romería y a toda prisa a las cuatro iglesias con el afán de encomendarle ante el Santísimo, no vaya a ocurrir que le echen pronto.

Un día después, el Obispo visitó al Alcalde para pedirle que procediera con la derogatoria del iniciado juicio expropiatorio. Le respondió que en mérito a sus conocimientos legales tal pedido no era necesario, porque la Resolución del fígaro era del todo improcedente.

—Un decreto, aunque alfarista, no puede ser superpuesto por una simple Resolución y mucho menos suscrita por un Alcalde encargado, que además fue defenestrado por corrupto —declaró el burgomaestre a los cronistas de *El Mensajero* y *El Heraldo*.

Un nuevo mandato resolutorio, además de derogar el anterior dispuso; primero, que mientras el Honorable Ejército Nacional no tomare posesión de las haciendas de la provincia —que se rumoraba eran muchas y estaban en la mira de los militares, cuestión que a lo mejor podría ocurrir después de muchos años o nunca— que los procesos expropiatorios se transparentaran ante la sociedad misma a través del señor jefe de la Séptima Brigada de Infantería; segundo, que en lo pertinente y específico a la hacienda denominada El Huaico todas las autoridades provinciales suscribieran un oficio solicitando a la Junta Cívico-Militar su exclusión; tercero, pedir a la Curia Diocesana que de inmediato retome el control y la administración integral del albergue; cuarto, regresar al médico con cargo a una partida específica en el presupuesto municipal; quinto, que con las firmas del

Gobernador, el Alcalde y el galeno, se enviaren los expedientes al Psiquiátrico de Guayaquil; sexto, y fundamental, que el acuerdo interinstitucional y la ordenanza seguirían vigentes; séptimo, que en virtud de lo señalado y para acrecentar los recursos, autorizar al encargado de las recaudaciones para que reciba en las arcas municipales todo tipo de donativos monetarios y no-monetarios tales como ropa, mobiliario, granos secos, gallinas, cerdos, vacas lecheras y de engorde, etcétera, de lo cual debía pasar un informe mensual al primer personero; y, octavo, también primordial, revisar las tasas que se recaudaban por intermedio de las floristerías sobre las coronas fúnebres elaboradas con papel y los ramos de flores de terciopelo, subiéndolas al doble. Las dueñas de estos establecimientos artesanales no mostraron oposición.

Pronto hubo bastante más dinero que antes en las arcas municipales. Todos querían conocer la Casa del Huaico; se publicó una nota periodística en los principales diarios de Quito y Guayaquil. Loja empezó a ser envidiada, siguió escribiendo gloriosas páginas en la historia Patria.

XI. Reinicio

Una semana después, el jurisconsulto ordenó al abogado-secretario que recuperase de inmediato el informe médico que con su mano izquierda desechó el bárbaro peluquero, concomitantemente se interesó en subsanar la grosería implícita en la acción de personal que deshizo el trabajo científico del joven galeno —cosa que en la perspectiva de la gente de alcurnia se trocó en un despido repleto de deshonra y que debía subsanarse sin demora—. El Alcalde dispuso la comparecencia del referido profesional ante el pleno del *Cabildo Ad honorem y ampliado*, para que en su seno explicara detalladamente sus labores y estudios científicos. Examinar sus conclusiones y recomendaciones en un entorno de pluralidad —decía la esquela de invitación—.

Paralelamente, con la anuencia del Alcalde, el abogado-secretario adelantó a la prensa que la autoridad, en consideración a la Resolución dictada por imposición del Gobernador, solicitaría al cuerpo colegiado tomar —en calidad de primera decisión colectiva e institucional— un conjunto de directrices para el manejo correcto de la Casa del Huaico. Aludió la imperiosa necesidad de discutir las mejores ideas posibles, a fin de aplicarlas de inmediato y en estricto cumplimiento de la ley. Por consecuencia subrayó que el Ejecutivo Municipal apetecía de idóneas herramientas jurídicas para imponer el orden; y finalmente habló de que más temprano que tarde se agradecería a la Curia Diocesana por el gran trabajo realizado.

Ni chicha ni limonada, ¡se armó el despelote!

Luego de escuchar que ya eran treinta y tantos los refugiados morales y que del canon de manutención cobrado a las familias por esos guarecidos en la Casa del Huaico no había pista alguna en la contabilidad municipal, los concejeros *Ad honorem* extraídos del corazón de las organizaciones de obreros expresaron con marcada firmeza su total desazón. De lance, el telegrafista militante de Unión Obrera tomó una bocanada de aire y agregó:

—Y hay algo mucho peor, de las ancianas dejadas al olvido ni siquiera ha quedado un registro de cómo llegaron; por tanto, ninguna referencia de quiénes fueron sus patrones —exclamó fuerte.

—El deshonesto fígaro debe responder ante un juez penal —prorrumpió el artesano sastre militante de Obreros de Loja.

—Estamos aquí sin deberle favor a nadie, no intenten callarnos, sepan todos que los artesanos y los pobres de Loja simpatizamos con las ideas de Napoleón Dillon —declaró en alta voz el de profesión telegrafista.

Con esa frase hizo clara referencia al empresario y político socialista más reconocido del momento, un ferviente defensor de una forma distinta de resolver los problemas nacionales a través de la implementación de medidas que impidieran el incremento de los conflictos laborales. Dillon habló de la necesidad imperiosa de una regulada relación entre los trabajadores y los empleadores. Fue el principal promotor de un discurso concordante con el contexto de trasformaciones políticas que imperaban desde la vigencia de la Revolución Juliana; sus ideas marcaron un antes y un después con la creación de la fábrica de tejidos La

Internacional en Quito de su iniciativa, su fundación significó una alternativa válida para la resolución del llamado problema obrero. Él sostuvo: «Que ese mecanismo debía entenderse como un lugar para proveer pan a las clases desheredadas».

La cuestión es que la Colonia instauró las encomiendas, mitas y obrajes e instituyó los abusos como formas de explotación humana; luego, desde el nacimiento de la República las relaciones del trabajo llevaban la marca de una serie de atropellos a los derechos humanos de las personas; se enriquecieron unos pocos y sumieron en la pobreza e incluso acabaron con poblaciones indígenas y afrodescendientes. Ese era el *statu quo* que Dillon sostuvo se podía cambiar con la conformación y fortalecimiento de las organizaciones obreras. A finales del siglo diecinueve, las primeras sociedades agruparon a los sastres de Pichincha y a los carpinteros de Guayaquil, congregaciones que lucharon por reducir a nueve horas la jornada laboral. Una década después la huelga organizada por los trabajadores del ferrocarril dejó huella imperecedera de la lucha iniciada antes. Dos quinquenios más tarde las huelgas de los mismos ferroviarios, de los tipográficos y el paro general de empleados de las farmacias son importantes hitos del registro histórico. Llegado 1922, en Guayaquil las protestas tuvieron que parar porque el Gobierno liberal burgués terminó con la vida de mil obreros a manos de la fuerza pública. En las haciendas de la serranía se avivó la protesta ante la pauperización y el agravamiento de las precarias condiciones laborales en perjuicio de los indígenas y los campesinos. En respuesta la Junta Cívico-Militar decidió crear el Ministerio del Trabajo.

Agregó el concejero *Ad honorem* de profesión telegrafista:

—Invitamos al seno de nuestras organizaciones a todos los peluqueros honestos; descarten toda iniciativa de conformar una tercera, compañeros, este es el principio de la lucha obrera en Loja.

El Obispo, que se había mantenido entre el público y muy expectante, se vio en la necesidad de salir abruptamente del salón con el rostro sonrojado, no quiso tragarse una saliva amarga, pero tuvo que hacerlo; esa molestia le ocurría por segunda vez, la primera ocasión le sucedió en el Despacho de un alcalde anterior. De camino a la iglesia de la Catedral, aunque sus pasos no fueron pausados, dos cronistas le siguieron y pudieron arrancarle una declaración. Llamó traidores tanto al sastre como al telegrafista; luego, expuso que tenía descubierto un contubernio oscuro y premeditado del cual daría una explicación oportuna. No obstante, dejó un claro mensaje a los obreros:

—Se quedarán al margen de la benevolencia y generosidad de la Curia Diocesana.

El Alcalde, mientras intentaba conducir la peliaguda sesión, no pudo sacar de su cabeza la idea de reconsiderar su permanencia en el cargo, pues era obvio que la perspectiva cambia cuando se enfrenta a la realidad, que una es con guitarra y otra con violín, que tomar al toro por los cuernos no solo requiere de valentía sino más bien de otras habilidades que por lo general son innatas. Lo que estaba ocurriendo en el salón de sesiones demandaba de lo que se suele llamar «la necesaria negociación política». En su caso, no sabía por dónde empezar. Se le puso cuesta arriba dirigir al cuerpo colegiado reunido, un engendro patrocinado por él mismo; se tornó inmanejable la discusión sin debate de ideas, tarde se dio cuenta de que tutelar un grupo de deliberantes y beligerantes representantes del pueblo era su primera experiencia en esa materia.

Los otros cinco concejeros *Ad honorem* extraídos del corazón de la sociedad habitante del centro urbano no hicieron más que ensayar ponencias un poco tontas y a la vez aparentemente sesudas, que minutos después ellos mismos rebatieron y contradijeron; el ambiente derivó en caos, se avistó un nuevo reinado en Loja, que no sería otro que el Reino de la confusión.

¡La protesta no se hizo esperar!

Los de Unión Obrera y Obreros de Loja fueron los convocantes mediante hojas volantes y carteles pegados en las dieciséis estafetas alrededor de la céntrica plaza. El Gobernador no atinó una sola idea acorde a la situación. En respuesta, tres días duraron las marchas esporádicas y en escalada, en la cuarta mañana la gente se tomó las calles, el parque central se llenó de pancartas y de un griterío incesante:

—¡Viva la organización de herreros!

—¡Los carpinteros también somos ciudadanos!

—¡Abajo el incapaz Alcalde!

—¡Viva Dillon!

—¡El Gremio de Peluqueros no ha muerto!

—¡Estamos en pie de lucha! —gritaron los electricistas.

—¡Viva el Socialismo y la clase obrera!

—¡Los sastres y modistas también somos pueblo! ¡Queremos una fábrica como La Internacional de Quito!

—¡Vivan el Partido Obrero Socialdemócrata de Rusia, Lenin y Marx!

—¡Las vivanderas del mercado estamos quebradas, todo está carísimo!

—¡Arrimados de Loja, únanse!

—¡Nos cansamos de la explotación! ¡Viva la huelga!

Para la burguesía terrateniente y los gobernantes de turno, un peligro mayor amenazó llegar. Una infeliz noticia fue recibida en la Gobernación, esta daba cuenta de la planeación de una marcha con cientos de campesinos gestándose en la cabecera del cantón Calvas. La novedad, que no lo era, se refería a la condición de arrimados que seguía tal cual era antes, más bien peor, muy a pesar de los repetidos discursos y ofrecimientos de un cambio en beneficio de los explotados. Lo indiscutible era que en todo el territorio provincial aún nadie había topado al caduco sistema de la hacienda, los desamparados se perpetuaban en el trabajo de la tierra de los terratenientes; y en favor de sus parcelas casi inservibles para la agricultura no habían recibido las semillas ofrecidas; en las tareas que continuaban obligados ahora tenían que meter a todos los miembros de la familia para que el patrón no cumpliera la amenaza de echarles con trastes y perros; las plantaciones seguían en la misma pequeña escala de antaño pese al discurso del crédito para lanzar escaños arriba la producción y la tecnificación agrícola. En fin, un caldo de cultivo para la organización campesina y la protesta.

¿Qué quedaba en ese momento? Pues la posibilidad de que en las desamparadas comunidades rurales germinara la protesta radical contra todas las instancias del gobierno que, aunque cívico-militar, la gente común y con ganas de protestar lo asimiló a una dictadura. Las revueltas iniciadas bien podrían afectar el ordenamiento social cantonal, provincial y nacional. El Gobernador de Loja seguía creyendo que depositaron en sus manos una provincia sin problemas, sin pobres, sin explotados; en fin, que él regía los destinos de una islilla de paz. Sin embargo, finalmente le llegó la preocupación y una vez auto concientizado de sus modestas habilidades escribió una impresionante misiva, recogida textualmente por varios no cronistas militantes de Vanguardia:

> *Señor comandante de la Séptima Brigada de Infantería Militar. En su Despacho: A partir de los penosos hechos de 1922 sucedidos en Guayaquil, un pesado lastre ha quedado en el extenso territorio de la Nación, que injustamente le toca resolver a la Honorable Junta de Gobierno. Es evidente que se ha fortalecido el regionalismo entre la Costa y la Sierra, esta y otras razones han aumentado el desempleo en las principales urbes, que sería la causa para que durante varios meses los obreros reclamen por sus derechos, esa es la principal motivación esgrimida por ellos para justificar la protesta, que de no pararla pronto derivará en violencia. De otra parte, tal como se puede patentizar en el resto de la región interandina, los señores hacendados de nuestra querida provincia, casi en*

su totalidad ligados o al menos simpatizantes del Partido Conservador, aunque también hay respetados liberales terratenientes, han venido a mi Despacho para decirme que una idea fatal ha logrado persuadirles: ¡Qué la revolución comunista está cerca! Nuestro terruño ha sido una isla de paz; sin embargo, desde hace tres días existe el peligro inminente de que los soliviantados, que ya tienen sitiada la plaza central, terminen por tomarse la Gobernación. Se escuchan gritos que a toda luz revelan esa perversa amenaza. En tal sentido, le solicito que se sirva disponer un contingente de soldados debidamente dotados de sus armas de combate, para que se encarguen de reforzar al piquete de la Policía Nacional, que su autoridad bien conoce es incapaz de retener a los manifestantes sin más dotación que un pequeño tolete de madera. Muy atentamente, su servidor. El Gobernador.

En los mismos días del supuesto acecho a la institucionalidad, una desesperada esposa, apenas conocida en el medio como madre y hacedora de sus propias obligaciones domésticas, pasó a la palestra pública a causa de una sensible carta dirigida al Obispo de la Diócesis. Ésta decía:

Su Eminencia: Hablan de tres justicias, de la primera se llenan la boca los jurisconsultos; otra es el escrutinio público como echa fieros la vocinglería sindicalista, gentes que más bien son comunistas seguidores de un tal Vladímir Ilich Uliánov, alias Lenin; la tercera es la confiable, la inapelable, la divina de Dios ejercida por usted en estos lares. Mi querido Sinfonolo, desde que fue echado sin razón de la Alcaldía apenas si prueba bocado. Dice sufrir de prurito anal, ha despedazado todo, a palazos ha desbaratado las lámparas de cristal de bohemia que recién compramos para el comedor social, hasta el amanecer se la pasa blasfemando en contra de los políticos. Cuando se le da por gritar tal un enajenado, vocifera que ha quedado demostrado que cualquier peluquero puede ser un buen Alcalde, pero que nunca sucederá al revés. Ha sentenciado que será mejor que las polillas acaben con el negocio y ha tirado las llaves de los candados al río; ya no sé qué concebir para liberar su alma en pudrición. Sin profesión ni empleo no podré pagar las deudas que él contrajo para la construcción de la nueva casa que empezamos a levantar contadas semanas atrás. Nuestro apreciado vecino y respetado profesor de psicología del Colegio Bernardo Valdivieso, el licenciado Cruz, me ha dicho que definitivamente mi esposo está loco de la cabeza, por eso apelo a su santidad, hágame el favor de recibirle en el Hogar del Huaico e interceda ante la Virgen santísima del Cisne para que paren las amenazas de quitarles el techo, el abrigo y el pan a mis siete hijos. Una humilde devota se suscribe, Josefina de Vallejo.

Antes del mediodía, tres tiros al aire y los marchantes abandonaron la plaza central. Pero quedó el recuerdo de que por primera vez en Loja se irrespetó al silencio locuaz, uno muy interesado y cómplice para que, cual isla de paz, la provincia se quedara excluida del combate al sistema oligárquico-terrateniente, que sin lugar a discusión la Junta Cívico-Militar efectivamente sentó las bases para su destrucción, aunque los campesinos habrían de esperar medio siglo para que se concretase en lo extenso del territorio Patrio. Además, dirá la historia que los dos gobiernos transicionales fueron pioneros en la tarea de imponer los intereses nacionales sobre los privados y especialmente los de la banca y los banqueros de la época que se repartían el poder desvergonzadamente. Con ello una verdad irrefutable, se marcó el momento de la superación histórica del liberalismo y del conservadurismo tradicionales, permitiendo al mismo tiempo el aparecimiento formal de la izquierda ecuatoriana: El socialismo.

El particular hecho de que los protestantes se marcharan voluntariamente de la plaza central dio lugar a la peor lectura política posible: Dar por alcanzado el retorno incondicional al rancio estado de tranquilidad y al conformismo. Además, fue leído así precisamente al término de un secreto conclave llevado a efecto en una de las mejores residencias de la ciudad, cita que reunió al Gobernador, al Alcalde, a lo más recalcitrante del conservadurismo, a muchos liberales burgueses y a los dueños de *El Mensajero* y *El Heraldo*; todos personajes que ensimismo conformaban la oligarquía-terrateniente de Loja.

No obstante, ni pensar que ocurrió de esa manera con el alto jefe militar, quien antes de recibir la misiva del representante directo del Ejecutivo, por orden superior no dialogó con él y tomó inmediato contacto con los dirigentes de la marcha. A la par con dos ciudadanos notables militantes de Vanguardia, que cuarenta y ocho horas después de los tres disparos fueron llamados para ocupar los puestos de Gobernador y Alcalde.

El jefe militar, por encima de la opinión ciudadana pero muda, conminó a los jueces a que revisaren la salud mental y las sentencias de los refugiados morales; pronto los falseadores fueron a parar en la cárcel pública.

Las viejas beatas siguieron en la ocupación de dar todo su tiempo al Creador del Universo. Los fieles a misa disminuyeron y no es menos cierto que inesperadamente las limosnas decrecieron.

En lo científico, el joven médico había acertado en casi todos los diagnósticos; los verdaderamente locos y desenchufados felizmente fueron recibidos en el Lorenzo Ponce de Guayaquil.

La Diócesis siguió recogiendo limosnas y atendiendo a los refugiados del Huaico; el Obispo ordenó a todos los curas párrocos nunca más repetir el discurso antiliberal que calificaba a sus políticas de repugnantes, desnudas, asquerosas y deformes. Con ciertas reglas claras, los altos prelados de la Curia Diocesana celebraron por lo alto, con banquete incluido. Aunque no todo volvió a ser como fue al principio, la situación era manejable. Prometieron los sacerdotes evitar discusiones con las autoridades cualesquiera fuesen las necesidades de los mendigos. De su parte, conforme a las disponibilidades jamás les negarían un techo y el pan de cada día. Repetían a diario la consigna: «Haremos lo que mejor se pueda, porque es un mandato de Dios servir a los pobres en silencio y con su bendición».

Pero el paso del tiempo es inexorable, como lo es el río tras la tormenta, pasan los días, las semanas, los meses y los años, poco a poco la gente se hace mayor, las cosas materiales también envejecen. El jefe de la Séptima Brigada de Infantería Militar fue llamado a Cuenca —al término de la distancia decía el telegrama— para informarle que el curso de voluntarios convocado por el Alto Mando para conformar el Escuadrón de caballería que se acantonaría en la ciudad, felizmente estaba concluido en Quito; que en relación con ese personal, un gran total de catorce miembros de tropa y un oficial con el grado de subteniente, ya se había dispuesto desde el Ministerio de la Defensa, y estaban en el Despacho de la IV Zona para su ejecución las correspondientes altas y los pases a la plaza de Loja.

Así pues, cuando por efecto del tiempo parecían diluirse los extravíos y padecimientos de la ciudad, más pronto de lo que la razón mandó esperar aconteció algo mucho peor, absurdamente se juntaron una gran tormenta y una Luna negra prolongada por siete días. Extraño fenómeno natural que rompió las leyes de la naturaleza.

Cuando llegó enero del año del Señor de 1926, el ilustre lojano y médico Isidro Ayora ocupaba la Rectoría de la Universidad Central de Quito. En tales circunstancias fue llamado por el Ejército para integrar la Segunda Junta Cívico-Militar y dirigir la cartera de Previsión Social. Poco después, el primero de abril del mismo año, por decisión de la misma asumió de facto la Presidencia de la Nación.

Fue así que la Junta Cívico-Militar, días antes de traspasar el poder al galeno Ayora, mediante Decreto Supremo, impartió la orden de ocupación y uso inmediato de varias haciendas en el país, entre ellas las denominadas en Loja: El Huaico y la mitad de otra llamada El Pucará. El flamante texto simplemente ratificó todos los términos del dictado liberal promulgado tantos años atrás; no obstante, agregó como nuevo la inmediata intervención castrense para tomar posición de los bienes inmuebles, de facto, es decir sin necesidad de juicios expropiatorios, disposición que debía ser cumplida por los cuatro jefes de Zona en sus respectivas jurisdicciones e inmediatamente asentado en los Registros de la Propiedad. Dueños y arrimados fueron desalojados.

En poquísimos días el Escuadrón No. 3 «Cazadores de Los Ríos» se hizo una realidad y se constituyó en la segunda fuerza militar de la frontera Sur; la tercera fue el cuartel de artillería que también se instaló en una fracción del otro expropiado latifundio, precisamente ubicado al final de la calle Bolívar, por donde quedó escrito en crónicas que ocurrieron los desplantes de los hijos de Satanás.

Sin demora el Gobernador, el Alcalde y más autoridades del cantón de ese momento, renunciaron. Muchos pensaron que las cosas volverían al principio, que lo indiviso se repetiría. Sin embargo, un clamor que rondaba en todo cráneo se convirtió en satisfacción con el solo anuncio de que pronto se instalarían las Asambleas Electorales Provinciales.

Este relator no encontró referencia alguna de adonde fueron a parar los centenares de chuchumecos dislocados no severos, y menos aún las ancianas convencidas de que por designio divino, debiendo ser gratas por ello, les había tocado dedicar su vida al servicio doméstico, pero mientras no les llegara la vejez. Acabado el invierno, que en ese año del Señor de 1926 duró hasta mayo, en cuanto se dio la primera noche de Luna negra, algunos habitantes empezaron a hablar del judío errante que precisamente habría visitado al cura de la parroquia de San Sebastián a punto de llegar a nonagenario y ciego; algo similar vino derivado del triste evento del suicidio de una joven portadora de lepra y un varón amante que se negó a morir de pena y dolor, hecho sucedido en una callejuela empinada cercana al hospital público, que sin más trámite el Municipio le dio el nombre de la «Calle de los ahorcados».

Siguieron sobrando de esos seres que cargan pesadas cruces redentoras, o que aman la penitencia y acostumbran llevar los nervios devastados, de entre ellos salió un nuevo rumor: Sin el menor empacho aseguraron que por todo lado de la urbe, por tres días continuos, exactamente al detenerse el estruendoso sonido de las doce campanadas de medianoche parido en la torre de la iglesia antes mencionada, volvió a verse el carro del diablo y que en las siguientes madrugadas los vichauches otra vez se estampaban contra los balcones.

www.ingramcontent.com/pod-product-compliance
Lightning Source LLC
LaVergne TN
LVHW041116150826
845673LV00007B/2075

* 9 7 8 9 9 4 2 6 2 9 1 9 7 *